わかる！図書館情報学シリーズ 第**4**巻

学校図書館への
研究アプローチ

日本図書館情報学会研究委員会 編

勉誠出版

まえがき

　2017年3月に公示された小学校，中学校の次期「学習指導要領」[1]では，学校図書館と深くかかわる情報活用能力の育成や言語活動の充実など従前からの内容に加え，「主体的・対話的で深い学び」（いわゆる，アクティブ・ラーニング）の視点が盛り込まれた。総則において，「学校図書館を計画的に利用しその機能の活用を図り，生徒の主体的・対話的で深い学びの実現に向けた授業改善に生かすとともに，生徒の自主的，自発的な学習活動や読書活動を充実すること」と述べられている。

　また，2015年4月には，改正「学校図書館法」が施行され，学校司書の法的位置づけが明確にされた。これを受けて，2016年11月には，文部科学省から「学校司書のモデルカリキュラム」が各大学の学長宛てに通知され，大学において学校司書の養成が開始されることとなった。今後，学校司書の養成と配置が一層進んでいくものと思われる。しかしその一方で，司書教諭と学校司書をめぐっては，依然として多くの課題も残されている。

　こうした現場での動向を反映して，学校図書館に関する学位論文，著書，研究論文も増えつつある。これまで，主に図書館情報学と教育学の学際的領域である学校図書館に関する研究は，図書館情報学においても教育学においてもマイナーな存在であったことは否めなかった。こうした状況が徐々に変わりつつあるといえるであろう。

　学術研究全体に目を向けるならば，「エビデンス（evidence）」の重要性が広く提唱されている。学校教育においてもエビデンスに基づく教育が近年求められるようになってきている。これは学校図書館に関する研究においても同様といえる。しかし，自然科学とは異なり，学校図書館に関する研究においては，現場での実践を事例的

に扱うなど，一見すると主観的に思われるような研究方法が採用されることも多い。では，学校図書館に関する研究におけるエビデンスとは一体何なのだろうか。また，図書館情報学における学校図書館研究の位置づけはどうあるべきなのだろうか。

　本書は，学校図書館「研究」概論ともいうべき1冊である。学校図書館に関する研究に取り組む研究者10人に，前述のような問題関心のもとに，自身の研究や研究方法などを紹介してもらった。なお，「わかる！　図書館情報学シリーズ」は大学生以上を読者対象としており，学校図書館に関する基礎知識を前提としなくても読めるよう，平易な記述に努めた。

　本書の構成は次の通りである。第1章は平久江祐司氏に研究の国内動向を，第2章は今井福司氏に研究レビューを，第3章は岩崎れい氏に研究の国際動向を，それぞれ執筆していただいた。いわば，総論に当たる部分である。第4章以降は，各論といえる部分であり，第4章は中村百合子氏に歴史研究について，第5章は足立幸子氏に読書研究について，第6章から第8章はアクションリサーチについて塩谷京子氏，庭井史絵氏，松田ユリ子氏に，第9章は野口武悟（本稿の筆者）に特別支援の研究について，最後の第10章は大平睦美氏に教育工学・ICT研究について，それぞれ執筆していただいた。

　本書が，学校図書館における「研究」とは何なのか，また，どうあるべきなのかを考える一助となれば幸いである。

　最後に，勉誠出版の岡田林太郎氏と大橋裕和氏には，本書の発刊に際して，たいへんお世話になりました。ここに記して，感謝いたします。

2017年10月31日
「わかる！　図書館情報学シリーズ」
第4巻編集担当
野口武悟

注
1) 高等学校の次期「学習指導要領」は，2018 年春に公示の予定である。

執筆者・編集者一覧（五十音順）

足立幸子（新潟大学准教授）：第 5 章

今井福司（白百合女子大学准教授）：第 2 章

岩崎れい（京都ノートルダム女子大学教授）：第 3 章

大平睦美（京都産業大学教授）：第 10 章

塩谷京子（関西大学非常勤講師）：第 6 章

中村百合子（立教大学教授）：第 4 章

庭井史絵（慶應義塾普通部司書教諭）：第 7 章

野口武悟（専修大学教授）：第 9 章、編集

平久江祐司（筑波大学教授）：第 1 章

松田ユリ子（神奈川県立田奈高等学校司書）：第 8 章

目　次

まえがき……………………………………………………………………　3

執筆者・編集者一覧………………………………………………………　6

第1章　学校図書館に関する国内の研究動向

………………………平久江祐司　13

1. はじめに
2. 学校図書館研究の目的
3. 学校図書館研究の動向
4. 学校図書館研究の領域
5. 学校図書館の研究方法とエビデンス
6. まとめ
7. おわりに

第2章　日本の学校図書館研究における文献レビューの問題整理

……………………………今井福司　29

1. はじめに
2. 学校図書館における文献レビュー
3. 他分野の文献レビュー
4. 学校図書館分野の文献レビューの今後

第3章　学校図書館の国際的な動向と研究における課題

……………………………岩崎れい　45

1. はじめに

2. 学校図書館に関わる国際的な宣言・ガイドライン

3. 日本の学校図書館が受けた影響

4. おわりに

第4章　学校図書館への歴史研究からのアプローチ

………………………中村百合子　59

1. はじめに

2. 戦後日本の学校図書館研究

3. 歴史という研究手法の基本の基本

4. 実証と解釈

5. 学校図書館を歴史という手法で検討する意味
　　──なぜ歴史研究か

6. おわりに──研究の継続という課題

第5章　読書指導の研究アプローチ

……………………足立幸子　75

1. はじめに

2. 歴史研究

3. 比較研究

4. 調査研究

5. おわりに

第6章　小学校図書館を対象とした実践研究

……………………塩谷京子　93

1. はじめに

2. 研究の背景

3. 研究の目的と方法

4. 研究の結果

5. まとめ

6. おわりに

第7章　中学校図書館を対象とした実践研究

………………………庭井史絵　113

1. 研究フィールドとしての中学校

2. 学校図書館利用指導とは

3. 学校図書館利用指導で取り扱われている知識と技能（文献調査）

4. 教科で取り扱われている知識と技能（文献調査）

5. 学校図書館員と教科教員による協働（インタビュー調査）

6. 結論とまとめ

第8章　高等学校図書館を対象とした実践研究

………………………松田ユリ子　133

1. はじめに

2. 研究の目的

3. 研究の方法

4. 研究の結果と考察

5. 結論

6. 今後の課題と展望

第9章 「学校図書館における特別支援」に関する研究をめぐって

………………………野口武悟　151

1. はじめに
2. 「学校図書館における特別支援」に関する研究の対象と方法
3. 「学校図書館における特別支援」に関する研究の動向
4. 近接領域の研究の動向
5. おわりに ―― 今後に向けて

第10章　メディアとしての学校図書館

………………………大平睦美　163

1. はじめに
2. 教育工学と学校図書館
3. 学校図書館メディアの分類
4. 学校図書館活用の定義
5. メディアとしての学校図書館活用
6. 学校図書館と情報機器
7. 今後の課題と展望

索引………………………………………………………………　179

わかる！　図書館情報学シリーズ第4巻

学校図書館への研究アプローチ

第1章　学校図書館に関する国内の研究動向

平久江祐司（筑波大学）

1. はじめに

　学校図書館を取り巻く法・制度的環境は近年大きく変わってきている。こうした環境の変化の実質的な端緒となるのは，1997年学校図書館法の一部改訂であろう。これにより"当分の間"置かないことができるとされてきた司書教諭が12学級以上の公立学校に2003年以降必置されることになった。そして，2001年には子どもの読書活動の推進に関する法律が制定され，その第8条，第9条では国及び都道府県や市町村の責務として，子どもの読書活動推進計画を策定することが規定された。この計画には子どもの読書活動推進のための学校における取組や学校図書館の機能強化などが盛り込まれ，地域の公共図書館や学校図書館の整備振興に寄与している。また，2005年には文字・活字文化振興法が制定され，その第8条2項では，学校図書館の人的体制や物的条件の整備などに関して必要な施策を講じることが規定された。さらに2014年学校図書館法改正により，その第6条で，努力義務ではあるが，学校図書館界の長年の悲願であった学校司書の配置が規定された。

　こうした1990年代以降の学校図書館に関する法整備の進展に呼応して，国や地方自治体の学校図書館に関する施策も推し進められていく。国の1995年学校図書館情報化・活性化推進モデル地域事

業に端を発する学校図書館の現代化の動き，すなわち学校図書館の学習情報センター化や読書センター化への取組みや，その運営を担当する専門的人材を養成するための1998年学校図書館司書教諭講習規程の改訂などが行われていく。こうした現代化した学校図書館では，資料の収集・整理・保存・提供などの従来の役割に加え，図書館サービスについての企画・助言・相談などの"センター機能"を積極的に提供していくことが企図された。これは従来の静的な学校図書館から能動的な学校図書館へと学校図書館像を転換する画期となるものであった[1]。さらに，2006年学校図書館支援センター推進事業により，他の学校図書館や公共図書館との連携協力を支援するための学校図書館支援センターが全国の地方自治体に整備されてきている。

こうした学校図書館を取り巻く環境の変化の中で，2016年には「学校図書館ガイドライン」が新たに制定され，国の学校図書館の運営管理の指針が示された。今後は学校図書館法の理念を踏まえつつ，その実現を図っていくことが学校教育や図書館界に強く期待されるところである。一方，これを学術的側面からみれば，その実現を支える学校図書館研究の成果の蓄積と学校現場への応用が，学校図書館研究者の喫緊の課題となっているといえるであろう。では，学校図書館研究は今後どうあるべきなのだろうか。そもそも学校図書館研究はどのように進められてきたのであろうか。しかし，学校図書館研究の現状についての実証的な研究は，これまであまり十分に行われてこなかったといえる。こうした学校図書館研究の現状に対する問題意識に立ち，本稿では国内の学校図書館研究の近年の動向について検討していく。

2．学校図書館研究の目的

　学校図書館研究は，図書館学及び図書館情報学（以下，単に図書館情報学と称する）と教育学の学際的な研究である。図書館情報学では，学校図書館は公共図書館，大学図書館，専門図書館と並んで主要な館種の**研究領域**として位置づけられている。図書館情報学における学校図書館に関する研究は，研究の質をさて置くと，一般的に増加傾向にあるといわれている。その背景にあるのは，近年の学校図書館を取り巻く環境の変化による研究者の興味関心の高まりがあると推察される。一方，教育学では，学校図書館は教育方法論の一領域に位置づけられる。しかしながら，教育学における教育方法論としての学校図書館研究は依然として少ない。その背景にあるのは，学校図書館スキルの特殊性や司書教諭の役割への理解不足などがあると推察される。そこで，本稿では図書館情報学の側面から学校図書館研究について以下で検討する。

　日本における図書館情報学は，歴史的に見ると第2次大戦後アメリカの図書館情報学の影響を強く受けて成立したものである。根本彰は，日本の図書館情報学研究の特徴について"アメリカ流の技術論的図書館情報学"からくる流れと"日本的な現場主義"からくる流れがあり，"技術論に立つ研究者と実践主義に立つ研究者が同じ土俵に立って議論すること"はあまりなかったと述べている[2]。こうした傾向は，図書館情報学の一領域である学校図書館研究においても当てはまるが，学校図書館研究においては後者の影響がより強いといえるであろう。塩見昇は，図書館情報学の研究では日々の図書館活動と図書館づくりに検証と見通しを与えてくれる研究が求められており，すべての研究はその基底において"図書館現象を創出

する実践"を研究の対象として意識したものでなければならないと述べている[3]。ここでは，実践は図書館担当者の日常的な実務や仕事の実際だけではなく，図書館政策や図書館運動におけるものも含めて広く捉えられている。

　学校図書館研究において，こうした実践主義の重要性を指摘する学校図書館研究者は少なくない。長倉美恵子は，学校図書館研究は教育実践における"実際的あるいは理論的諸問題の解決を実践過程とその結果の客観的検討から現象の本質と法則性を究めること"を支援するものであると述べている[4]。また，室伏武もほぼ同様の観点から，学校図書館研究は"学校図書館の現実（現象）や経験を基盤として，それらを科学的方法によって理論化し方法を確立する"ことであると述べている[5]。

　これらの学校図書館研究に関する言説をみる限り，やや折衷的ではあるが，学校図書館研究の目的は科学的方法を用いて学校図書館現象を客観的に検討し，その理論化や法則化を通して，諸課題の解決を支援することにあると捉えることができるであろう。こうした**研究目的**からは，大学や研究機関の研究者の論文のみを学校図書館研究とする狭い捉え方ではなく，学校現場で学校図書館活動に日々従事する実践者の研究までも含めた広い捉え方が必要であることが示唆される。

3. 学校図書館研究の動向

　学校図書館研究において，その中でも特に理論化し法則を確立していくような科学的研究の成果としての論文が，学校図書館関係の専門雑誌や学術雑誌に掲載されるようになるのは，いつ頃からであ

ろうか。

　第 2 次大戦後の学校図書館における研究活動の歴史を簡単に振り返ると，まず全国学校図書館協議会が 1950 年全国学校図書館研究大会の開催や機関誌『学校図書館』を刊行したり，学校図書館の研究団体が全国各地に結成されたりして，現場での実践に基づいた研究が発表されるようになる。また 1954 年東京学芸大学や大阪学芸大学（現大阪教育大学）などの国立大学で学校図書館司書教諭講習（以下，司書教諭講習と称する）が実施されたり，東洋大学・愛知学院大学・京都女子大学などの私立大学で司書教諭の養成講座が開設されたりするなど，高等教育機関においても学校図書館に関する教育と研究が進められるようになる。こうした 1950 年代以降の学校図書館の実践者や研究者の活動の広がりが，学校図書館研究を推し進める原動力になっていったと考えられる。長倉は，学校図書館の歴史的な考察に基づいて“概念的随想的な研究”が減り“科学的研究方法を採用する本格的な研究”が定着するようになるのは，1970 年代後半ごろからであると述べている [6]。

　こうした 1970 年代に入ると，学校図書館に関する本格的な**文献レビュー**（文献批評）が図書館関係の雑誌に掲載されるようになり，学校図書館研究の成果が整理・蓄積されていく。まず 1971 年『学校図書館速報版』（600 号記念号）に 1948 年から 1971 年までの学校図書館関連の文献レビューが掲載される。また，日本図書館学会（現日本図書館情報学会）の機関誌『図書館学会年報』の〈文献展望〉に 1971 年から 1981 年までの学校図書館の文献レビューが掲載される。こうした文献レビューの掲載は，それを必要とする学校図書館研究の質的な高まりと広がりを示すものであり，長倉が指摘した 1970 年代後半以降の科学的研究方法を採用する本格的な研究の

進展ともおおむね合致するものである。こうした1970年代以降に
図書館関係の雑誌に掲載された主な学校図書館の文献レビューを表
1に示す。なお、これらの文献レビューが対象とした文献には、図
書、論文、記事、記録、報告書、ウェブ情報源などが含まれる。

表1　学校図書館の文献レビュー一覧

著者	タイトル	雑誌名	掲載期間	文献数
芦屋清他	特集学校図書館文献	学校図書館速報版	1948-71	62
平賀増美	学校図書館〈1971〉	図書館学会年報	1971	14
長倉美恵子	学校図書館〈1972-73〉	図書館学会年報	1972-73	64
柿沼隆志	学校図書館〈1974〉	図書館学会年報	1974	24
柿沼隆志	学校図書館〈1975〉	図書館学会年報	1975	37
柿沼隆志	学校図書館〈1976-81〉	図書館学会年報	1976-81	76
土居陽子	総論 学校図書館	図書館界	1980-92	93
宇原郁世	館種別状況 学校図書館	図書館界	1993-00	112
飯田寿美	館種別状況 学校図書館	図書館界	2001-09	235
中村百合子	学校図書館に関する日本国内の研究動向	カレントアウェアネス	2000-04	45
河西由美子	学校図書館に関する日本国内の研究動向：学びの場としての学校図書館を考える	カレントアウェアネス	2005-09	197

　これらの一連の文献レビューにより、1948年から2009年代まで
の学校図書館研究の動向や各時代に応じた研究課題について重要な
示唆を得ることができる。柿沼隆志は、1970年代の学校図書館研
究の状況について、事例報告などは増加の傾向にあるが、論文は非
常に少ないと指摘し、その原因として研究者の絶対数が少ないうえ
に"教育学と図書館学の学識が求められること"や学校図書館に関
する文献の最大の生産者である『学校図書館』が"啓蒙誌"である
ことなどが影響していると述べている[7]。また、2000年代の文献
レビューを行った河西由美子も査読を経て発表された論文やオリジ

ナリティのある質の高い研究書の数が限られていることを指摘しており[8]、柿沼の指摘した学校図書館研究の質の問題は、近年においても大きな改善は見られないといえる。

　これらの文献の中で、2000年以降の中村百合子や河西由美子の文献レビューに見られる特徴は、書誌データベースである国立国会図書館雑誌記事索引（NDL-OPAC）を文献収集のために用いていることである。こうした文献研究における種々の書誌データベースの利用は近年一般化している。そこで、日本の書誌データベースの中でデータ収録数が最も多いCiNii Articlesを用いて、図書館情報学関係の査読制度を持つ主要な学術雑誌13誌に掲載された2005年〜2014年の10年間の研究について調べてみた[9]。その結果を表2に示す。

表2　13誌に掲載された学校図書館をタイトルに持つ学術論文

	雑誌名	文献数	平均頁	複著者
1	学校図書館学研究	72	10.3	19
2	現代の図書館	13	7.2	1
3	情報の科学と技術	1	6	0
4	情報メディア研究	2	11	0
5	大学図書館研究	1	9	0
6	中部図書館情報学会誌	4	11.8	1
7	図書館界	27	9.9	4
8	図書館学	8	7	1
9	図書館情報メディア研究	2	25.5	0
10	図書館文化史研究	1	33	0
11	日仏図書館情報研究	1	16	0
12	日本図書館情報学会誌	13	18.2	3
13	Library & Information Science	4	30.8	1

　これらの結果には、検索語を含まないタイトルを持つ文献は検索されないため、学校図書館に関する文献を網羅したものではないが、

検索文献数が多く学校図書館研究の概要を知ることができると考える。これらの中で掲載論文数（原著論文以外も含む）の多い雑誌は、『学校図書館学研究』、『図書館界』、『日本図書館情報学会誌』、『現代の図書館』、『図書館学』などである。最近10年間にこれらに掲載された学校図書館関係の論文は、全体で149件（3頁以上の論文）、年平均15件ほどである。1論文当たりの平均頁数は11.4頁であり、これらの論文が研究テーマをしっかりと論じたものであることが推察される。また、掲載論文数を10年間の前後半期で比較すると、2005〜2009年の前半が71件、2010〜2014年の後半期は78件で伸び率は10％と微増である。また、同一著者（第一著者）の論文が、同一誌に複数回掲載される複著者率は、全体では平均20％ほどで、著者一人当たりの論文の生産性は必ずしも高くはない。こうした学校図書館研究における論文の生産性の低さは、依然として現在の課題でもあるといえる。しかしながら、学校図書館に関する文献の特徴として、1件当たりの頁数は少ないものの『学校図書館』や『図書館雑誌』などの図書館関係の専門雑誌に掲載されるものが圧倒的に多く存在し、学術雑誌に掲載される論文の不足を補完するものとなっていることがあげられる。

4．学校図書館研究の領域

　学校図書館研究は、どのような研究領域を持つのであろうか。これは、塩見や室伏がいうところの図書館現象を学校教育の場においてどのように捉えるかということに係わるものである。

　学校図書館は、学校図書館法第1条（この法律の目的）などで規定されるように、学校の一機関として学校の教育目的の実現に寄与

する。そのため，学校図書館の役割は，学校教育に対する社会的要望（ニーズ）や教育理念の変遷，さらには教育技術の変革などから影響を受け，時代とともに変わってくものである。日本においても1970年代のメディアセンター化や1990年代の学習情報センター化などの議論を経て，学校図書館の機能が多様化し，学校の教育課程や地域コミュニティとより密接な関係を持って活動するようになってきている。それに伴い，学校図書館の研究領域も変わっていくことになる。

　米国や英国の学校図書館の発展を研究してきた古賀節子は，こうした新しい学校図書館の役割を踏まえ，その研究領域としてA.教育メディア，B.メディアの組織化，C.サービス（学校図書館活動），D.情報活用能力，E.管理運営，F.総合研究の6領域をあげている[10]。また，中村百合子は，代表的な学校図書館研究者の提唱した研究領域を比較考察し，Ⅰ.学校図書館とメディア，学び，Ⅱ.学校図書館コレクションの形成，組織化，Ⅲ.学校図書館の管理・運営，Ⅳ.学校図書館専門職による情報サービス，Ⅴ.学校図書館専門職の教育的活動，Ⅵ.その他（総合的研究などを含む）の6領域をあげている[11]。これは，順序は若干異なるものの，古賀のあげた研究領域と一致する点も多くみられる。

　これらの研究領域の相違は，1つはメディアの発達とともに拡張されてきたことによる。もう1つが，従来の図書館のサービス機能の捉え方である資料提供，情報提供，場所提供の3機能の拡張による[12]。もっとも，学校の奉仕機関と指導機関の両面を持つ学校図書館の機能は，これらの3機能に教育提供機能を加えた4機能として捉える方がより自然な捉え方であろう。しかし，現代の学校図書館のサービス機能は，これらの4機能だけで捉えることはできなく

なっている。その背景にあるのは、1990年代以降の学校図書館間や公共図書館との連携協力の進展、すなわち学校図書館ネットワークの構築やそれを運営管理する学校図書館支援センターの設置などの全国的な動きである。こうした学校図書館支援システムを活用する学校図書館には、学校内外の組織と連絡、相談、提案するなどの連携協力機能（あるいはセンター的機能）が強く求められるようになった。そのため、学校図書館のサービス機能は、従来の機能に連携協力機能を加えた5機能として捉えていくことが今後は必要となるであろう。したがって、学校図書館の研究領域をこれらの観点から捉えると、その研究領域は様々な学問領域と関連した学際性の高い研究領域が拡大・発展してきおり、こうした新しい研究領域における研究の充実が、よりいっそう重要になってきていることが分かる。

5. 学校図書館の研究方法とエビデンス

学校図書館の研究方法については、科学的方法の未熟さがこれまでたびたび指摘されている。こうした科学的方法のもつ正確性・客観性、信頼性・再現性などが論文と事例報告・記事を分ける重要なメルクマール（指標）となる。学校図書館研究において科学的方法の重要性を指摘した室伏は、科学的方法論の根幹には"科学的実証性"の確立があり、それは目的と手段の関係において目的が達成されたこと示す客観的証拠を提示することであるとして、その研究方法として（1）理論的研究、（2）歴史的研究、（3）比較研究、（4）実践的研究をあげている[13]。ここで実践的研究とは概ねケーススタディに相当する研究方法と理解できる。

第 1 章 学校図書館に関する国内の研究動向　23

　また，中村は 1990 年代以降の学校図書館研究の調査の分析のためにジャベリンとヴァッカリの図書館情報学における研究方法のカテゴリを土台として，学校図書館研究の研究方法を分析する "10 の研究手法カテゴリ" を提示している [14]。それは，(1) 実証的研究方法（①歴史的研究，②調査法，③質的研究，④事例研究，アクション・リサーチ，⑤実験的研究，⑥計量書誌学的研究，⑦その他の実証的研究方法），(2) 概念的研究方法（⑧議論，批判，⑨内容分析），(3) システムとソフトウェア・アナリシス，デザインからなる。これらの研究方法は，学校図書館研究の学際性が進展する中で，その研究方法も多様化してきていることを示している。

　学校図書館研究において科学的方法論に対する関心は，近年**エビデンス**（根拠）という新たな観点から高まってきている。例えば，2016 年「第 64 回日本図書館情報学会研究大会」では，シンポジウム「学校図書館への研究的アプローチ」が開催された [15]。そこでは，学校図書館研究におけるエビデンスの重要性が提唱された。研究におけるエビデンスとは，換言すれば，研究における科学的実証性と捉えることができるであろう。こうした科学的実証性を重視した研究は，近年図書館情報学全体においても重視される傾向にあり，それは "エビデンスベーストアプローチ" の研究として知られている。この研究は "最良の利用しうるエビデンスと実務経験から得られた識見を用い，図書館業務と情報提供業務の改善を求めること" を目的とする研究である [16]。こうした研究の成果は，図書館の業務や行政施策における担当者の意思決定の際の根拠として広く利用される。一方，学校図書館においては，2015 年「IFLA 学校図書館ガイドライン」の中にエビデンスベーストプラクティスの項目がみられる [17]。そこでは実務における意思決定に際して，エビデンス

に基づくことの重要性が述べられている。そのエビデンスの源泉として、(1) 公的な研究から得られたデータ、(2) 改革事例から得られた実証的データ、(3) 利用者から得られた評価データがあげられている。

　ここで留意すべき点は、エビデンスの利用においては客観的データに基づく研究とともに、実務経験から得られた識見が重要な意味を持つとされる点である。この実務経験から得られる識見は、"職務の専門性"の根幹をなすものであるが、これらが両輪となって初めて研究における科学的実証性が担保されると考えられる。したがって、こうしたエビデンスの研究や実務への利用においては、学校図書館に関する高い専門性を備えた研究者や実践者の存在が必要かつ重要である。しかし、学校図書館学研究においては、学説史的な研究はいくつか見られるものの、前述したように学校図書館の研究者に関する研究は十分なされていないのが実情である。したがって、学校図書館研究者をどのように定義し、その実態をどう把握するかは必ずしも容易なことではない。

　その1つの方法として、『日本の図書館情報学教育2005』(日本図書館協会、2008年) [18] の掲載データから、学校図書館研究者の実態を調べてみた。この文献には、司書教諭科目 (5科目、10単位) 相当科目を授業で開講する大学、短期大学、大学の通信課程の開設科目、科目担当者とその所属などのデータが掲載されている。ここに掲載された司書教諭科目担当者を学校図書館研究の中核を構成する研究者であると想定すると、これらの掲載データの分析から、その特徴を知ることができると考える。

　2005年の司書教諭科目の講義の開設状況は、大学・短期大学・大学の通信課程を合わせると201校、707講座 (科目)、講師536人、

1098 講義（同一科目複数開講を含む）となっている。講師 536 人の内訳は，常勤講師が 184 人（34.3％），非常勤講師が 352 人（65.7％）である。講師の担当講義数（授業数）は，1 人当たり平均 2 講義程度であるが，1 〜 2 講義担当者が 430 人（80.2％），3 〜 4 講義担当者が 61 人（11.4％），5 〜 17 講義担当者が 45 人（8.4％）となっており，一部ではあるが多数の講義を担当している者がいる。さらに司書教諭科目の中でも学校図書館の専門的知識がより求められる「学校経営と学校図書館」の担当者は 153 人，また「学習指導と学校図書館」の担当者は 158 人ほどである。ただし，これらの担当者には両科目の兼務者も含まれる。これらの講師の所属をみると，常勤講師は大学の本務教員であり，非常勤講師は他大学教員の兼務者，小中高校の教員，大学や公共図書館の図書館員，無所属（名簿に所属が記載されていない者で，退職者などが含まれる）など多様である。

　これは，あくまで試算ではあるが，学校図書館研究の中核を構成するような専門的な研究者の不足は，依然として学校図書館研究の課題であると考えられる。

6. まとめ

　これまで日本の国内の学校図書館研究の研究目的，研究領域，研究方法，研究者の特徴について概観してきた。こうした現状から学校図書館研究は，エビデンスに基づく科学的実証性をより重視する方向にあることが分かる。しかし，学校図書館に関する論文は一定程度常に見られるものの，必ずしも大幅な増加傾向にある訳ではなく，またそれを支える学校図書館の専門的研究者の数も少ない。今

後学校図書館研究を活性化していくためには，これらの課題を解決していくことが求められる。そのためには，次の2点に留意する必要があると考える。

　1つは，『学校図書館』や『図書館雑誌』などの図書館専門雑誌に掲載される特集記事の学校図書館研究における位置づけの見直しである。具体的には，これらの特集記事をエビデンスとして学校図書館研究に積極的に活用していくことである。こうした特集記事は，記述量が少なく記述形式も様々で，これまで単なる事例報告として扱われ，研究のエビデンスとして十分に活用されない傾向にあった。しかし，こうした特集記事は，一般に特定のトピックについて研究者の総論と実践者の報告から構成され，全体として1つの体系性を備えている。また学校図書館におけるその時々の重要なトピックを扱っており，これらを学校図書館研究のエビデンスとして活用していく意味は大きいといえる。そのためには，特集記事の内容の正確性，信頼性などをより高めていくために，記述形式（項目）の標準化などの質的統制のためのさらなる工夫が必要であると考える。

　もう1つは，司書教諭や学校司書などの学校図書館の実務者が社会人大学院生として研究に従事することを推奨していくことである。こうした実践と理論を結び付けることのできる研究者の増加により，学校図書館研究全体の活性化を図ることができると考える。こうした社会人大学院生は，近年徐々に増えつつあるが，研究における個人の負担が大きく，制度改革を含めた様々な社会的支援が必要である。そのため，一朝一夕に実現することは難しいものであるが，図書館関係の学協会全体で行政に継続的に働き掛けたり，学校図書館の実践者の研究に対する意識改革を積極的に促したりしていくことが重要になるであろう。

7. おわりに

　2017年度末には新学習指導要領が告示され，生徒の“主体的・対話的で深い学び”，いわゆるアクティブラーニングの実現に向けた授業改善に学校図書館を活用していくことが，学校図書館の役割に新たに加えられた。こうした新たな課題に対して学校図書館がどうあるべきかについては，本稿の中で言及することができなかったが，そうした意味からも今後学校図書館研究の果たす役割は，ますます重要になっていくと考える。

　注・参照文献

1）学校図書館にはこれ以前にも資料センター，教材センターなどの役割が提唱されてきた。これらのセンター機能では，間接サービスにおいて資料を集中的に管理し，効率化を図っていくことが重視されるのに対して，学習情報センター機能では，直接サービスにおいて企画・助言・相談などの機能を利用者に能動的に提供していくことが重視される点で異なる。

2）根本彰「戦後図書館学論：「学」と「現場」が分離した頃」『図書館情報学のアイデンティティ』（論集・図書館情報学研究の歩み，18）日外アソシエーツ，1998，p.141.

3）塩見昇「図書館学の研究と教育」『図書館情報学のアイデンティティ』（論集・図書館情報学研究の歩み，18）日外アソシエーツ，1998，p.58-59.

4）長倉美恵子「第4章学校図書館研究の動向と課題」『現代学校図書館事典』ぎょうせい，1982，p.52.

5）室伏武「25 学校図書館の研究」『新学校図書館事典』第一法規，1983，p.433.

6）前掲4），p.48.

7）柿沼隆志「学校図書館〈1976-81〉」『図書館学会年報』28 (4)，1982，p.179.

8）河西由美子「学校図書館に関する日本国内の研究動向：学びの場としての学校図書館を考える」『カレントアウェアネス』（304），2010，p.24.

9）検索方法はCiNiiの詳細検索を使い「刊行物名」項目に13誌の雑誌名，「フリーキーワード」項目に学校図書館をそれぞれ入力しして218論文を抽出した。その中からタイトルに学校図書館とその関連語（司書教諭，学校司書，司書教諭科目名）を含み，かつ3頁以上のページ数の論文を抽出した。

10）古賀節子「第11章学校図書館の課題と研究方法」『学校図書館通論』1990，樹村房，p.170-171.

11）中村百合子「1990年代以降の日本およびアメリカにおける学校図書館研究の概観の試み」『学校図書館メディアセンター論の構築に向けて：学校図書館の理論と実践』2005, p.210-211.

12）上田修一「6.1.2　サービスの種類」『図書館情報学ハンドブック』第2版，1999, p.651-653.

13）室伏武「学校図書館学研究の基礎」『学校図書館学研究』1（1），1999, p.20-21.

14）前掲11），p.211-212.

15）第64回日本図書館情報学研究大会シンポジウム記録：学校図書館への研究的アプローチ」『日本図書館情報学会誌』63（1），2017，p.54-65.

16）上田修一「図書館情報学研究における「根拠（エビデンス）」『情報の科学と技術』57（5），2007, p228.

17）IFLA．"6.3.5 Evidence-based Practice." IFLA School Library Guidelines. 2nd revised ed., 2015, p.49.

18）日本図書館協会図書館教育部会編『日本の図書館情報学教育2005』日本図書館協会，2008, p.345.

第2章　日本の学校図書館研究における
　　　文献レビューの問題整理

今井福司（白百合女子大学）

1. はじめに

　学会発表や学位論文の発表において，発表もしくは論文の冒頭で必ずと言って良いほど登場する表現がある。それは「十分な先行研究が存在しない」というフレーズである。この表現を用いることによって，発表者の研究に新奇性があること，そして既存の研究とその研究がどのような対応関係にあるのかを明確に示すことができる。「巨人の肩の上に乗る」という表現があるように，学問は既存の先行研究の上に新たな知見を加えることが必要であることは言うまでもない。よって先行研究との対応関係を示さない発表については，当然のごとく先行研究の存在やその対応関係を明らかにするように求める質問や指摘が寄せられることになる。

　こうした先行研究の不在や対応関係を示すために，「研究」と呼ばれる行為を進めるために，欠かすことのできない作業が**文献レビュー**である。文献レビューは図書館情報学の分野に限らず，学問を行う上では必須かつ前提となる作業である。

　文献レビューは大学での研究に留まらず，学校図書館の分野においては児童・生徒の調査活動を支援する中でも程度の差はあれども，当たり前のように登場する作業であり，本書で改めて取り上げるまでもないのではとの指摘もあるかもしれない。しかし，学校図書館

30

の研究を進めていく上では研究者そして実践者を含めて踏まえるべき内容が多く含まれている。よって本稿では，問題整理を中心に記述を進めていきたい。

1.1　文献レビューの定義および周辺の用語について

『図書館情報学用語辞典第4版』では文献レビューそのものについての定義はない。ここでは関連した用語を取り上げながら文献レビューの定義および周辺の用語を整理しておきたい。例えば，**レビュー誌**については，以下の定義が行われている。

> レビュー論文の掲載を専門とする定期刊行物。レビュー論文とは，特定主題に関して発表された文献を総覧し評価することによって今後の研究動向を示唆するものである。特定主題の研究活動の進展を歴史的に展望する state of the art review と，一定期間内に発表された特定主題の文献を要約し評価する critical review の2種類があり，内容的には批評的評価を重視したものと，解説的なものがある。

本稿で文献レビューと取り上げる場合，上記の定義を踏まえつつ，「先行研究検討のために特定主題に関して発表された文献を総覧し評価する行為」として取り上げていくこととする。

文献レビューを行うことによって，既存の研究を繰り返してしまうことが避けられることは容易に想像できるが，学問への貢献というメリットも踏まえておく必要がある。

G・キングらは社会科学のあらゆる研究プロジェクトは，1) 現実の世界において「重要な」問いを立てるべきである，2) 現実の

世界の一側面を実証的・科学的に説明する学界全体の能力を高めることによって，特定の学問研究の発展に具体的に貢献をしなければならない，と指摘している。その上で2点目に関して先行研究との関係で，それぞれの研究が学問に行える貢献としては以下の6つのパターンがあることを示している。(G. キングら , 2004, p. 16-18.)

1. 先行研究において重要と見なされているものの，まだ体系的な研究がなされていない仮説を選択する。もし先行研究において指示されている仮説が正しいこと，あるいは間違っていることを示す証拠をみつけられたならば，その研究は学問に貢献したことになる。

2. 先行研究では受け入れられているものの，実は間違いではないか（もしくはまだ適切には確かめられていない）と思われる仮説を選択し，それが実際には間違ったものであるのかどうか，もしくは別の理論の方が正しいのかどうかを探求する。

3. 先行研究において論争となっている問題を解決したり，一方の立場を支持するような証拠を提示しようとする。あるいは，その論争がそもそも意味のないものであったことを論証しようとする。

4. 先行研究において，今まで不問にされてきた仮定を，解明したり検証したりするための研究を設計する。

5. 先行研究において重要な研究テーマが見過ごされてきたことを論じ，その分野における体系的な研究を進める。

6. ある研究分野において何らかの目的のために設計された理論や証拠が，明らかにその分野とは関わりのない既存の

問題を解くために，別の研究分野にも適用しうることを示す。

　以上はあくまでも社会科学に対する指摘ではあるが，図書館情報学に関わる他の学問分野においても援用できる指摘であろう。このように文献レビューを行うことによって，先行研究との差異化を明確にすることができる。また，これから行おうとする研究についてもどのような研究が可能であるかが明確になるし，そしてどのような知見が得られそうかの仮説を設定する際にも判断の材料となるのである。

2. 学校図書館における文献レビュー

　では，学校図書館研究における文献レビューについて，いくつか事例を見ていくこととしたい。

2.1　業界誌でのレビュー

　全国学校図書館協議会の機関紙『学校図書館』では，2011 年 1月号で「学校図書館研究の最新動向」という特集が組まれた。同特集では，研究展望，学校図書館理論，事例研究，特別視点に関する研究，海外の学校図書館の動向，学校図書館史の展望というトピックが設定され，前述のレビュー誌の定義に基づけばどちらかといえば state of the art review に近いレビューが行われている。ただし，この特集は一回限りでその後は 1 月号に学校図書館業界の展望を示す記事は掲載されるものの，まとまった文献レビューは掲載されていない。

2.2 情報誌でのレビュー

国立国会図書館が刊行している情報誌である『カレントアウェア
ネス』には，特定テーマに関する最近数年間の研究論文をレビュー
する研究文献レビューというカテゴリが設定されている。例えば
2010 年 6 月 20 日に掲載された「CA1722　研究文献レビュー：学
校図書館に関する日本国内の研究動向——学びの場としての学校
図書館を考える」では，2005 年から 2009 年の 5 年間を対象として，
「学校図書館における教育・学習活動」を対象とした研究文献レビ
ューが行われている。原稿については依頼原稿である場合と寄稿で
ある場合の両方があり，採否は企画会議や編集会議を経て決定され
ている。

同記事以外にも学校図書館の研究文献レビューは 2 点見られるが，
上記のレビューでは紙幅が限られながらも 97 点の文献が参照され
ている。前述のレビュー誌の定義に基づけば critical review に相当
すると言えよう。

2.3 書籍でのレビュー

書籍でも研究動向を紹介する目的からレビューが行われることが
ある。例えば，日本図書館情報学会研究委員会編『学校図書館メ
ディアセンター論の構築に向けて』では，学校図書館の理論や実践に
ついて 12 の論考が寄せられているが，その論考の複数において文
献レビューに相当する記述が行われている。前述のレビュー誌の定
義に基づけば state of the art review に近いレビューと言えるだろう。
ただし本書のシリーズは必ずしも学校図書館のみを対象としたシリ
ーズではなかったため，それ以降，同学会から学校図書館を対象と
した文献レビューを含む書籍は出版されていない。

これ以外にも，学校図書館の分野では実践報告をまとめた単行書や，司書教諭講習科目の授業で使用される教科書をはじめとして数多くの書籍が刊行されている。もちろん，学校図書館の研究を豊かにする上ではこれらの書籍は重要であることは言うまでもない。しかしながら，次項で扱う博士論文を元にした単項書を除いては，先行研究が触れられていたとしても最低限の扱いでしかなく，本稿で扱っている文献レビューについては，学校図書館を扱う書籍ではそれほど積極的に行われていない状況である。

2.4　博士論文におけるレビュー

逐次刊行物としてではないが，大学院における学校図書館の学位論文では新奇性確保のために，先行研究検討が行われることから，これも文献レビューの一種だと考えられる。博士論文においては，論文の新奇性が求められることから，掲載される文献レビューは当然 state of the art review としての側面が強くなる。

2017 年 4 月 5 日現在，博士論文の書誌情報や機関リポジトリへのリンクを提供している CiNii Dissertations によれば「学校図書館」の検索語では 9 件ヒットする。当該の博士論文で扱っている研究アプローチ，内容であれば，これらの博士論文の先行研究部分を検討することで動向を掴むことが可能となり，本格的な文献レビューを目にすることができるため，これからレビューを行おうとする場合には参考にすることが好ましい。

ただし博士論文は通例 1 著者について 1 本しか書かれることがないこと，どのようなテーマが取り組まれるかはその著者の関心に依存することから，常に全てのテーマについて最新の網羅的なレビューが存在することは保証されていない点には注意が必要である。

3. 他分野の文献レビュー

3.1 『日本の教育史学』の文献レビュー

　では図書館情報学以外の分野では，どのような文献レビューが取り組まれ，公刊されているのだろうか。例えば，教育史学会が発行している機関誌「日本の教育史学」では2011年まで，毎年以下の4分野に分けてその年に発表された論文や書籍を対象に研究動向整理が行われていた。前述の定義に基づけばcritical reviewに相当する。

1. 日本教育史の動向：近世以前
2. 日本教育史の動向：近現代
3. 東洋教育史の動向
4. 西洋教育史の動向

　年によって執筆者が異なるため，それぞれの文献レビューのまとめ方には多少の異なりが見られるものの，毎年，教育史の研究者が学会から依頼を受けて可能な限り網羅的な文献レビューを行っていることから，隣接分野の研究者が最新の研究動向を把握する上では重要な特集である。また毎年の記事それぞれはcritical reviewでありながら，5年10年と蓄積することによって，state of the art reviewとしても活用できるようになっている。

3.2 ライフサイエンス領域融合レビュー

　「ライフサイエンス領域融合レビュー」は，大学共同利用機関法人 情報・システム研究機構ライフサイエンス統合データベースセンターによって運営される生命科学分野における文献レビューのデ

ータベースである.日本分子生物学会,日本蛋白質科学会,日本細胞生物学会,日本植物生理学会と協力し,注目される分野・学問領域について,専門分野の異なる研究者に向けた文献レビューを誰にでも閲覧・利用できるように公開している事例である.(図1参照)

執筆者・執筆テーマの選定は,それぞれの学会から推薦された編集委員により構成されている.1テーマについて30本から50本の論文が参照され,それぞれの記事は**クリエイティブ・コモンズ・ライセンス**表示2.1(CC-BY)で公開されている.

ここでクリエイティブ・コモンズ・ライセンスとは,国際的非営利組織であるクリエイティブ・コモンズが定めた著作権ルールで,作品を公開する作者が条件をあらかじめ定め,その条件さえ守れば自

図1 ライフサイエンス領域融合レビューのWebサイト

第2章　日本の学校図書館研究における文献レビューの問題整理　　37

由に使って構わないという意思表示をするためのツールである。ライフサイエンス領域融合レビューの記事は「表示」の条件が付与されていることから，クレジットの明記を条件に，転載・改変・再利用（営利目的での二次利用も含め）を自由に行えるようになっている。

　更新ペースとしては3ヶ月に1本程度ではあるが，critical review としてカレントアウェアネスのように継続的に公開されている点は注目しておきたい。

3.3　アメリカ教育省 "What Works Clearinghouse"

　What Works Clearinghouse（WWC）は，アメリカ教育省下の教育科学研究所（IES: Institute of Education Science）によって設立された，教育の評価研究に関する文献レビューのデータベースである（図2参照）。このデータベースは，アメリカにおける教育学，特に評価研究に関する研究文献について基準を設けてレビューを行っている。その基準は**エビデンス（科学的根拠）**が十分に担保されているかどうかである。

　ここで登場するエビデンスとは何だろうか。例えば観察調査を行うときにサンプルとなる児童が調査者によって恣意的であったり，実際の学級をそのまま当てはめたまま調査した場合であったりした場合，サンプルの属性に研究結果が影響を受ける恐れがある。ここで，エビデンスを確保した研究をするのであれば，ランダムに選択された集団同士の比較（ランダム化比較試験：Randomized Controlled Trials）といった方法をとる必要が出てくる。こうすることで，サンプル自体の属性による影響を最小限に抑えることができ，研究結果がより厳密かつ妥当な結果であると主張しやすくなる。

　WWC はエビデンスが確保されている文献をレビューによって選

図2 What Works Clearinghouse の Web サイト

び出すことにより，より質の高い研究を広く普及させようとしているのである。ここまで取り上げた critical review では，批判的に検討するための評価基準は明記されていなかった。WWC ではエビデンスという明記された基準が存在している点はこの点で他の文献レビューとは大きく異なっていると言えよう。

4. 学校図書館分野の文献レビューの今後

4.1 学校図書館分野の文献レビューの課題

　ここまで他分野の文献レビューを見てきた。学校図書館の分野の

第 2 章　日本の学校図書館研究における文献レビューの問題整理　　39

文献レビューと比較した場合，以下の 3 点について異なっていると
言えよう。

1. 学校図書館分野のみで継続的に発行されている文献レビュー
　は存在しない。
2. 学校図書館分野では，WWC のように評価基準を明記して行
　われている文献レビューは存在しない。
3. 学校図書館分野では「日本の教育史学」のように蓄積するこ
　とで state of the art review として活用できる文献レビューは存
　在しない。

　既に見てきたように，日本では学校図書館に限った文献レビュー
は存在しているものの，上記のように継続性，評価基準，蓄積の 3
点で問題が生じている。では，なぜそうした問題が起こるのだろう
か。それらの原因としては，3 つの原因が考えられる。

1. 学校図書館研究者の人数
2. 学校図書館に関する方法論やアプローチの問題
3. 研究発表の場の多さ

　まず，「学校図書館研究者の人数」についてである。学校図書館
を研究対象としている研究者の数は，基準をどのように設けるかに
よって，大きく数が異なると思われるが，ここでは暫定的に日本の
大学に所属する研究者のデータベースである researchmap を用いて
人数を把握したい。
　researchmap の研究者検索機能で研究キーワード（研究者ごとに

設定する研究分野がヒットする）で「学校図書館」と検索した場合，2017年4月5日時点で38件がヒットする。researchmapには既に大学を退職した研究者も含まれる点，研究分野として学校図書館を設定していない研究者でも学校図書館を研究していると予想される点を考慮に入れると，この件数は必ずしも学校図書館の研究者の数とは一致しない。それでも，後述する研究発表の場の多さを考えれば多い数ではない。この人数と比較できる数字としては，文部科学省が毎年公表している「学校図書館司書教諭講習科目に相当する授業科目の開講などに係る実施予定状況一覧」で授業科目を開講している大学の数が挙げられる。平成28年度の数字に基づけば，217校が授業科目の開講を行っている。担当者の数として，217校で38人と考えれば，むしろ少ないと言えよう。

　次に「学校図書館に関する方法論やアプローチの問題」である。学校図書館を扱った研究の場合，学校図書館は研究対象となり，研究アプローチは他の学問分野のものを援用する必要が出てくる。学校図書館に関する制度について，ある研究者は歴史研究のアプローチから検討することもあるし，ある研究者は教育社会学における合意形成の手法を用いて検討しているかも知れない。現状では，研究の数だけ研究アプローチがあると言っても過言ではないだろう。

　そして「研究発表の場の多さ」である。研究者の数は少ない一方で，学校図書館を扱おうとする研究発表の場は数多い。過去5年間に学校図書館関係の発表が行われている学会は，本書を発行する日本図書館情報学会以外にも，日本学校図書館学会，日本図書館研究会，情報メディア学会，日本教育学会，日本カリキュラム学会と複数存在する。これ以外にも実践に基づく研究発表は全国学校図書館協議会，日本図書館協会，学校図書館問題研究会といった業界団体

第2章　日本の学校図書館研究における文献レビューの問題整理　41

で行われる。

　もちろん業界団体での研究発表は実践報告も含まれる点や，上記
の学会において，必ずしも学校図書館の研究だけで単一の研究大会
の発表が行われているわけではない点は注意しておく必要があるが，
学校図書館の研究については単一の学会誌や業界誌だけを検討して
おけば良いという段階にないことは踏まえておく必要があるだろう。

　以上の3点から，研究アプローチが多様でありながら研究者の数
は少なく，それにもかかわらず発表の場は数多いことが示唆され
る。このため研究アプローチによっては，1名しか研究を行ってい
ない場合もあり，学校図書館の研究発表で聴衆がその研究手法に通
じていないケースも生じうる。この点は，文献レビューにも影響を
及ぼしており，日本の学校図書館研究では各研究者個人に委ねられ
ている部分が多いといえる。なお，研究アプローチが多様であるた
めに文献レビューが困難になった例もある。例えば本稿で取り上げ
た「日本の教育史学」の文献レビューは「近年の研究領域の多元化，
執筆者確保の困難，現在の形式で継続するのは無理な段階」として
2011年の刊行を持って廃止されている。

4.2　業界としてどのように対応すべきか

　以上，学校図書館分野における文献レビューの状況および問題点
を整理してきた。本書が公刊されることを考えれば，また学校図書
館について発表する場が多いことを踏まえても，学校図書館分野で
の研究ニーズは強いと考えられる。例えば，日本図書館情報学会の
春季研究集会や研究大会における発表においても，複数の学校図書
館に関する研究発表が継続して行われており，研究に対する関心は
決して低い状況にはない。

だからこそ文献レビューはこれらの研究発表を学問の成果として蓄積するだけでなく，これから研究を始めようとする大学院生や実践者にとって必要とされているはずである。もちろん，研究者が少ない以上，文献レビューを必要としている読み手の数も多くはないのかも知れないが，系統的，体系的なレビューは研究分野を発展させる上では必要な取り組みであろう。

このためには，業界全体で文献レビューを掲載，発表する場を広げていく必要があるだろう。前述したカレントアウェアネスは寄稿を受け付けているが，それ以外の業界誌でも継続的な取り組みが行われるべきだと考える。また大学院などでも既に研究方法を扱う授業やゼミの指導で行われているはずであるが，文献レビューを扱う機会を設け，手法について取り上げていく必要がある。あるいは学会においてもチュートリアルとしてこういったテーマを今後は取り上げていく必要があるだろう。

また日本図書館情報学会ではかつて**エビデンス**に関して，「エビデンスベーストアプローチによる図書館情報学研究の確立」というテーマでプロジェクトを展開してきた。研究成果が公開されてから時間は経っているものの，当時のワークショップの記録は継続して公開されているため，これらの成果を活かした上で，学校図書館分野における文献レビューの基準整備も急ぐ必要があるだろう。

それ以外の取り組みとしては，学校図書館については隣接領域や関連領域が数多く存在することから，研究者自身が関連の学会に参加し研究の知見を得ることや，学会同士で連携し「ライフサイエンス 領域融合レビュー」のような場を設ける取り組みも検討していく必要があるだろう。これらの対策に取り組むことによって，学校図書館の研究に対するニーズが高まる中で，研究の数だけでなく，

第 2 章　日本の学校図書館研究における文献レビューの問題整理　43

質についても議論し検討して行くことが可能になると思われる。

参照文献

1) 日本図書館情報学会用語辞典編集委員会編『図書館情報学用語辞典』（第 4 版）丸善出版，2013, vii, 284p.

2) G・キング，R・O・コヘイン，S・ヴァーバ著／真渕勝監訳『社会科学のリサーチ・デザイン――定性的研究における科学的推論』勁草書房，2004, xvii, 287p.

3) 河西由美子「研究文献レビュー：学校図書館に関する日本国内の研究動向――学びの場としての学校図書館を考える」『カレントアウェアネス』no. 304, 2010, p.24-30.

4) 文部科学省「平成 28 年度　学校図書館司書教諭科目に相当する授業科目の開講等に係る実施予定状況一覧」http://www.mext.go.jp/a_menu/shotou/dokusho/sisyo/1349638.htm よりアクセス（参照：2017-04-15）

5) Institute of Education Science「WWC | Find What Works!」 http://ies.ed.gov/ncee/wwc/（参照：2017-04-15）

6) 田辺智子「エビデンスに基づく教育――アメリカの教育改革と What Works Clearinghouse の動向――日本評価学会」『日本評価研究』vol. 6, no. 1, 2006, p.31-41.

7) 豊浩子「米国のエビデンス仲介機関の機能と課題――米国 WWC 情報センター（What Works Clearinghouse）の例より」『国立教育政策研究所紀要』第 140 集，2011, p.71-93.

7) Database Center for Life Science「「領域融合レビュー」とは」http://leading.lifesciencedb.jp/about/（参照：2017-04-15）

8) Database Center for Life Science ライフサイエンス 領域融合レビュー http://leading.lifesciencedb.jp/（参照：2017-04-15）

9) 日本図書館情報学会「エビデンスベーストアプローチによる図書館情報学研究の確立」http://www.jslis.jp/eba/index.html（参照：2017-04-15）

第3章 学校図書館の国際的な動向と
研究における課題

岩崎れい（京都ノートルダム女子大学）

1. はじめに

学校図書館に関する研究においても，国際的な動向の把握は大切な要素である。学校図書館に関する宣言やガイドライン，諸外国の学校図書館の実態，読書や学習の支援に関する研究動向などが主な対象である。

児童生徒に対する読書や学習の支援は，学校図書館が成立した当初から，その重要な目的であることは変わらないが，同時に，社会状況の変化の中で具体的に求められる内容は変化している。学校図書館に対するニーズを的確に把握するためにも，国内外の動向を押さえておくことは重要である。

本稿では，第2節で2014年に改訂された国際的な学校図書館ガイドラインを中心に国際的な学校図書館に関する基準を，第3節で日本の学校図書館に影響を与えた海外の調査や研究を紹介する。

2. 学校図書館に関わる国際的な宣言・ガイドライン

2.1 宣言とガイドライン

国際的な学校図書館の基準となるのは，ユネスコ学校図書館宣言

とIFLA学校図書館ガイドラインである。

ユネスコ学校図書館宣言（IFLA/UNESCO School Library Manifesto 1999）は，1999年に第30回ユネスコ総会において批准された。この宣言は，〈学校図書館の使命〉〈財政，法令，ネットワーク〉〈学校図書館の目標〉〈職員〉〈運営と管理〉〈宣言の履行〉の項目で構成され，学校図書館が児童生徒の学校教育における学習を支援すると同時に，現代社会における生涯学習のための力を育成する場であることを明記している。

IFLA学校図書館ガイドラインは，2002年に策定（IFLA/ UNESCO School Library Guidelines），2014年に改訂（IFLA School Library Guidelines, 2nd edition）された。

このガイドラインの構成の変化は表1・2の通りである。

表1　2002年版の構成

2002年版
Chapter1 Mission and Policy
Chapter2 Resources
Chapter3 Staffing
Chapter4 Programmes and Activities
Chapter5 Promotion

表2　2014年版の構成

改訂版
Chapter1 Mission and Purposes of the School Library
Chapter2 Legal and Financial Framework for the School Library
Chapter3 Human Resources for the School Library
Chapter4 Physical and Digital Resources of the School Library
Chapter5 Programs and Activities of the School Library
Chapter6 School Library Evaluation and Public Relations

2.2　ガイドライン改訂版の内容

国際的なガイドラインも社会背景や学問の進展に基づいて改訂される。改訂版では，新しく2章に法的・財政的枠組が，6章に学校

図書館自体の評価と広報活動に関する内容が視点を変える形で追加された。改訂版の内容は以下のとおりである。

第1章《学校図書館の使命と目的》は、〈序文〉〈背景〉〈学校図書館の定義〉〈学校における学校図書館の役割〉〈効果的な学校図書館プログラムの条件〉〈学校図書館の将来像に関する声明〉〈学校図書館の使命に関する声明〉〈学校図書館サービス〉〈学校図書館のサービスとプログラムの評価〉の9項目で構成されている。この中で学校図書館を以下のように定義している。

　　　学校図書館とは、児童生徒の情報から知識への遍歴及びその個人的・社会的・文化的成長の中心的な役割を果たす読書，探究，研究，思考，想像，創造のための物理的及びデジタルな空間である。

ここで定義されている役割は理念的にはどの国にとっても共通であるが、このガイドラインで使用されている *School Library* と同じ意味の用語をどの国の言語でも使っているわけではなく、また学校図書館の実態もさまざまである。

このような課題はガイドライン全体を通じて存在するものであり、国際的なガイドラインを提供するにあたり、共通する理念をもつ存在でありながらも、各国の制度・事情・財政基盤などの相違により、多様なあり方や機能をもつ「学校図書館」を今後どのように発展させていくかを考えていくための大切なポイントであるともいえるだろう。

第2章《学校図書館の法的・財政的枠組》は、〈序文〉〈法的基盤と論点〉〈倫理的基盤と論点〉〈方針〉〈企画立案〉〈財政〉の6項目

からなっている。

　ユネスコ学校図書館宣言をもとに，学校図書館が教育の一環として位置づけられることを明記し，子どもたちの**教育を受ける権利**とその平等性において学校図書館がその役割を果たし，子どもたちに教育的文化的環境を提供し続けるためには，法的・財政的基盤が必要であるとしている。学校図書館について定めた法律がない国もある中で，学校図書館の果たすべき役割の根本は変わらないことを明記し，法的基盤の必要性に言及している。倫理的基盤については，**図書館の権利宣言**，情報の自由，著作権，**子どもの権利に関する条約**などに触れながら，子どもたちが情報に関する権利と責任を持てるように学校図書館も役割を担う必要があると述べている。さらに，学校図書館が学校教育における読書活動や探求活動の中心的役割を果たすことを認識し，学校内での連携を欠かすことなく，学校図書館の運営方針を決めていくべきことを強調している。学校図書館の先進的で活発な活動を確実にしていくためには，予算の確保と計画的な利用の重要性についても触れている。

　第3章《学校図書館の人的資源》は，〈序文〉〈人的配置の役割と論理的根拠〉〈学校図書館員（school librarian）の定義〉〈学校図書館プログラムを提供するのに必要な能力〉〈専門職である図書館員の役割〉〈補助的な役割を果たす学校図書館スタッフの役割と能力〉〈学校図書館ボランティアの役割と能力〉〈倫理的規範〉の8項目で構成されている。改訂版では，豊かで質の高い学校図書館プログラムを提供するためには学校図書館内外の人材の確保が必要であると述べ，学校図書館は教えたり学んだりする機能を持つため，学校図書館プログラムは教師と同レベルの教育や準備ができる専門職によって提供されるべきであり，その専門職は**カリキュラムデザイン**や

コレクション構築の能力や情報探索プロセスと**情報探索行動**に精通していることなどが必要であるとした。また，その専門職が指導や運営などに専念できるよう事務的・技術的サポートをするスタッフの必要性も示唆している。

第4章《学校図書館の施設・設備および印刷資料・電子情報資源》は，〈序文〉〈施設・設備〉〈コレクション構築と管理〉の3項目で構成されている。技術の発達は教師や児童生徒の教育ニーズの変化に合わせた学校図書館の発展に役立つことや，近年多くの学校図書館の施設が資料中心から学習者中心のモデルに移行し，利用者を情報の受け手から創り手へと進化させる'参加型環境'となるよう，'ラーニング・コモンズ'としてデザインされていることに言及している。コレクション構築については，学校図書館の使命，知的自由や情報の自由，カリキュラムなどを尊重したコレクション構築を目指すと同時に，情報基盤社会において高度情報技術をも活用したサービスを行うことは，図書館利用者である児童生徒が情報の消費者としてだけでなく，情報の創り手・発信者となる素地をつくることになるとしている。

第5章《学校図書館のプログラムと活動》は，〈序文〉〈プログラムと活動〉〈リテラシーと読書の促進〉〈メディア・情報リテラシー指導〉〈探求に基づく学習モデル〉〈技術統合〉〈教師のための専門性に即した発展〉〈学校図書館員の教育的役割〉の8項目で構成されている。ここでは，学校図書館を取り巻く事情は国や地域によってさまざまながら，学校図書館のプログラムや活動においてよく読める読者を育てることが重要であることは共通である。その点では**文献利用指導**や利用者教育についても同様で，現在は**情報リテラシ**ーや探究活動との関連が深くなりそれらが学校図書館のプログラム

の中心を占めることは共通であるとし，その具体的な方法について述べている。さらに，情報技術によるインフラ整備の重要性，教師の実力向上の手助けの必要性，学校図書館員の教育的役割についても触れている。

第6章《学校図書館の評価と広報活動》は，〈序文〉〈学校図書館の評価と根拠に基づく実践（evidence-based practice）〉〈学校図書館プログラムの評価へのアプローチ〉〈学校図書館プログラムの評価の影響〉〈学校図書館の広報〉の5項目で構成されている。十分な資料と専門職の学校図書館員の揃った学校図書館の存在が児童生徒の学力向上に資しているにも拘らず，外部の理解が得られていない現状から学校図書館の評価を行うことが不可欠であることとしている。そのためにも**根拠に基づく実践（evidence-based practice）**を，学校の質の確保につながるようなシステマティックな評価に統合していくことの必要性が主張され，さらに，学校図書館の発展のためには広報が欠かせないとしており，プロモーションとマーケティングも1つの方法であり，また**アドヴォカシー**も効果的であると述べている。

今回のガイドラインは，高度情報社会・生涯学習社会となった現代のニーズを反映する形で，学校図書館の理念や機能を捉え直したものであり，国や地域の差異を考えるとそのまま日本の学校図書館に当てはめることができないまでも，今後のあり方に一定の示唆を与えるものと考えることができるであろう。

第 3 章　学校図書館の国際的な動向と研究における課題　51

3.　日本の学校図書館が受けた影響

3.1　学習プロセスと学校図書館

　日本の学校図書館では，特に 1990 年代以降，海外の研究や国際的な調査・実践に大きな影響を受けてきた。

　学校図書館が学校の教育課程の展開に寄与するものであることは**学校図書館法**に明記されており，学習情報センターとして児童生徒の学習を支援する役割を持つと認識されてきたが，1990 年代以降の海外の学校図書館や学習理論に関する研究を取り入れていくことは，それを理論づけていく役割を果たした。

　1998 年に米国で学校図書館基準『インフォメーション・パワー：学習のためのパートナーシップの構築』が出版され，日本でも注目された。この学校図書館基準は 1920 年に NEA（米国教育協会）が刊行した中学校・高等学校図書館基準から数えて 8 回目の基準であり，従来学校図書館の役割を軸に据えて示されてきた基準が，児童生徒の学習を軸にした基準になったこと，それによって学校図書館の機能が学校教育のカリキュラムと深く結びつくものであることを提唱したといえる。

　同時期に学習プロセスや問題解決プロセスのモデルがいくつか提唱されており，主なものとして Bucher は以下の 6 種を挙げている。

　　① Information Problem-Solving Skills（AASL，1994）

　　② The Big6（Eisenberg & Berkowitz，1996）

　　③ Information Seeking（Kuhlthau，1993）

　　④ Information Skills for Electronic Resources（Pappas，1995）

　　⑤ FLIP IT!（Yucht，1999）

⑥ Pathways to Knowledge（Harada & Tepe, 1998）

このうち，日本の学校図書館研究においては，②の The Big6 と
③の Information Seeking が注目された。

②の The Big6 Skill は**情報問題解決プロセス**を示したモデルであ
るが，提唱したアイゼンバーグ（Eisenberg）らは，このモデルは同
時に**情報リテラシー育成モデル**でもあると記しており，以下の6つ
のプロセスから成っている。

表3　The Big6 Skill

1．課題の決定（**Task Definition**）
1.1　解決すべき問題を明確にする。
1.2　（問題解決のための）情報ニーズを認識する。
2．情報探索の方策（Information Seeking Strategies）
2.1　使える情報源の範囲を決定する。
2.2　問題解決に適した情報を選択する。
3．所在とアクセス（Location and Access）
3.1　情報源の所在を見つける。
3.2　情報源から情報を見つけ出す。
4．情報利用（Use of Information）
4.1　情報源の中の情報を読んだり，聞いたり，見たり，触ったりする。
4.2　情報源から適切な情報を得る。
5．統合（Synthesis）
5.1　多様な情報源からの情報を組み立てる。
5.2　情報を提供する。
6．評価（Evaluation）
6.1　成果を評価する。
6.2　情報問題解決プロセスを評価する。

③の Information Seeking として当時提唱されたモデルは，クル
トー（Kuhlthau）ら自身によって幾度か改訂され，2007年には
Guided Inquiry と名付けた，児童生徒が自らの問いを立てながら学

習を進めていくための探究的な学習プロセスモデルを提示した。

以下はクルトーらが示したその概念図である。

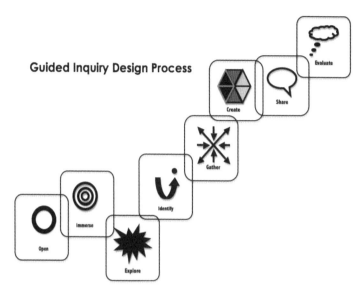

図1 Guided Inquiry Design Framework

　これらのプロセスモデルの提示は，情報リテラシーを身につけていることが，より効果的な学習や問題解決に役立つことを示しており，そのため日本においても学校図書館を学校教育における児童生徒の学習支援に役立つものとして機能させるための理論的な裏付けとして注目されたということができるだろう。

3.2　PISAと読書
　学校図書館が読書センターとしての役割を持つことについては，

日本でも早い段階で認識されてきた。むしろ学校から読書センター以外の役割を求められないケースも多く見られたことが課題といえるかもしれない。

子どもの読書を促進することについては，特に 2000 年の**子ども読書年**以降，国や地方公共団体の取組も進んだ。2001 年の「**子どもの読書の推進に関する法律**」の制定，2002 年以降の「**子どもの読書活動の推進に関する基本的な計画**」の策定（2008 年に第二次，2013 年に第三次を発表），**子どもゆめ基金**の創設，**読書コミュニティ形成支援事業**の開始などである。これらの取組は国内のものであるが，国際的な動向の影響を受けている。

影響を与えた要素の 1 つは PISA（OECD 生徒の学習到達度調査：Programme for International Student Assessment）である。この調査は，OECD 加盟諸国（一部非加盟国も参加）の 15 歳の生徒を対象に**読解力**，数学的リテラシー，科学的リテラシーを測定するものである。この調査において，読解力とは，「自らの目標を達成し，自らの知識と可能性を発達させ，効果的に社会に参加するために，書かれたテキストを理解し，利用し，熟考し，これに取り組む能力」と現在定義されている。2009 年以降，初めの定義に「これに取り組む」という表現が加えられた。

2000 年に実施された第 1 回の調査では，読解力を中心とする調査が行われ，日本では日本人生徒の読解力が高いという結果と同時に，「毎日楽しんで読書をしているか」という質問に対し，参加国の中でそのような読書をしないという生徒の割合が最も高かったことにも注目が集まった。

また，それ以降 3 年ごとに実施されている調査結果においても，この調査で測定される読解力は，**PISA 型読解力**として，日本の国

第3章　学校図書館の国際的な動向と研究における課題　55

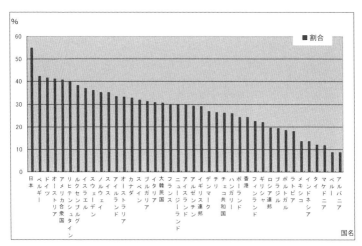

図2　「楽しみのための読書をしない」15歳の割合
出典：OECD Literacy Skills for World of Tomorrow-Further Results from PISA 2000.
〔http://www.pisa.oecd.org/Docs/download/pisaplus eng01.pdf〕（p.298）をもとに作成

語科教育において育成される読解力と違うのではないか，という点が議論された。PISAの結果分析はOECDによって分析されるが，日本ではさらに国立教育政策研究所が日本の生徒の結果を分析している。後者は日本の事情に応じた分析となるため，視点は違ってくる。例えば2000年の調査結果の分析では，日本が読書への関心と読解力との間に関連があるかどうかや，日本の生徒がどの側面の読解を得意または不得意にしているかに注目して分析していたのに対し，OECDでは，貧困の度合いも含めた家庭環境と学力との関連に注目して分析した。この相違は国ごとの事情の違いが大きいことを示している。

　そして，PISAの結果は，日本の学校教育にも大きな影響を与え

ている。例えば，学習指導要領（2003年12月）などの一部改正，「読解力向上プログラム」策定（2005年12月），「全国学力・学習状況調査」実施（2007年4月〜）などの施策は2000年，2003年，2006年のPISAの結果分析に基づいて行われたものである。直近に実施された2015年調査の結果からは，以下のような読解力の向上に向けた対応策が文部科学省によって提示されている。

〇指導の改善・充実〜学習基盤となる言語能力・情報活用能力の育成〜（※次期学習指導要領の方向性も踏まえている。）
〇調査研究の充実〜読解力の向上の基盤整備〜
〇学校ICT環境整備の加速化〜「学習上必要な時に一人一台使える環境」の構築〜

　この対応策の特徴は，文章を読むことだけではなくて，コンピュータなどの情報機器の画面上に現れる情報の選択や読み取りなどができる力を育成することを目指している点である。この背景には，2009年からこの学力調査がCBTに移行し始めたことがあり，「読む」ことにどのような力を求めるかが変化してきていることにも留意する必要がある。

　このように国際的に実施される調査は，世界における日本の位置づけを知ったり，比較をしたり，また共通点と相違点を分析したりすることには向いているが，常に調査における国ごとの前提の違いや概念のずれなどを考慮に入れておくことが欠かせない。

4. おわりに

　このように国際動向を把握し，また研究対象とすることは重要である。しかし，①研究の目的，②比較対象が置かれている環境との違いにも十分留意する必要がある。

　海外の研究に注目することは，日本の現状を改善するためにも役立つが，海外の事例などを調べることに終わってしまっては，国際的な動向を研究対象とする意義が見えてこない。どのように役立てることができるか，という点が，このような研究の一番の課題であろう。

　同時に，海外での研究や事例を日本に活かす場合，国や地域によって前提となる環境や事情が違うので，単純に比較することができないことにも留意する必要がある。例えば，IFLA 学校図書館ガイドラインでは，'reading' という語が多く出てくるが，この場合，'reading' の力には「読書力」「識字力」の両方の意味を内包しており，日本でイメージする「読書」とは概念が必ずしも一致しない。また，3.2 に書いたように児童生徒の学力調査にあたっても，その分析の視点には違いが出る。そのような前提の違いを視野に入れながら，研究方法を模索していくことが求められる。

参照文献

1) Dianne Oberg and Barbara Schultz-Jones（Eds.），IFLA School Libraries Standing Committee.*IFLA School Library Guidelines*, *2nd edition.*
https://www.ifla.org/files/assets/school-libraries-resource-centers/publications/ifla-school-library-guidelines.pdf（参照：2017-03-25）
2) The Big6 のホームページ
http://big6.com/（参照：2017-04-05）

3）Kuhlthau, C. et al. Guided Inquiry: Learning in the 21st Century. Santa Barbara: Libraries Unlimited, 2007.

4）Carol C. Kuhlthau, Leslie K. Maniotes, Ann K. Caspari. Guided Inquiry Design, 2012.
http://wp.comminfo.rutgers.edu/ckuhlthau/guided-inquiry-design/（参照：2017-04-05）

5）国立教育政策研究所. OECD 生徒の学習到達度調査（PISA）.
http://www.nier.go.jp/kokusai/pisa/（参照：2017-04-10）

6）OECD. Programme for International Student Assessment.
http://www.oecd.org/pisa/（参照：2017-04-10）

第4章　学校図書館への
　　歴史研究からのアプローチ

中村百合子（立教大学）

1.　はじめに

　学校図書館という存在に，どのようにアプローチするか。筆者の場合は，主として歴史研究によってその存在に向き合ってきた。本稿では，筆者がこれまでに取り組んできた，学校図書館史研究について，その研究アプローチを，自らの過去の取り組みを振り返りながら紹介する。

　ただ，率直に言えば，自らの研究やその手法を他者に紹介するというのは，大教授の退官の際のいわゆる記念講演や最終講義のような場で行われることだというのが，筆者がイメージしてきたことだ。そうでなければ，質の高い研究を次々に発表している高名な先生が書くものだと思っていた。比較的近年に近現代史研究者が著したものからあげると，佐藤卓巳『ヒューマニティーズ 歴史学』(2009) [1] や竹前栄治「占領研究 40 年」(2005) [2] のようなものである。また，図書館史研究に携わる先輩方が研究手法についてもさまざまな議論をしている [3]。だから，そのような，大先輩の残しておられる資料を本稿のほかにたくさん参照されるように，まずお願いしたい。

　学校図書館に歴史研究によってアプローチするようになったのは，

基本的に戦後のことである[4]。特に日本においては，「学校図書館」の定義が 1953 年の**学校図書館法**の成立によって広く共有されるようになってはじめて，その歴史を理解する欲求が生まれた。また，そのような定義が広く共有された「学校図書館」を歴史研究に対象にするというと，戦後史の本格的な研究が発表されるようになったとされる 1970 年代以降に，必然的になったわけだ。世界的に見ても，学校図書館に歴史研究によってアプローチし，論文などを発表している人はきっと数えることができる。そのような背景があるので，役不足を自覚しているが，日本における学校図書館研究の進展を願って，筆者が，学校図書館に関する歴史研究の進め方について，先輩から学んできたこと，試行錯誤してきたこと，考えてきたことをここになるべく整理してお伝えしようと思う。

2. 戦後日本の学校図書館研究

まず，学校図書館"研究"にいかにして私が出会ったかというと，それは国文学を専攻しながら司書資格，司書教諭資格取得の課程を履修していた学部生のときのことであった。通っていた大学の図書館で**長倉美恵子**『世界の学校図書館』[5]に出会った。このような研究をする人になりたいととてもシンプルに思った。学校図書館の国際比較について，長倉氏よりも熱心に，広く，また精緻に，研究に取り組んでこられた方は，英語の文献を含めて見てもいない。そんな方の本に出会った衝撃で，はじめ筆者は学校図書館の国際比較をしたいと思っていた。

今になって考えてみると，『世界の学校図書館』を含めて全 6 巻で構成されるこの「図書館学大系」という全国学校図書館協議会が

出版したシリーズは，戦後の研究の1つの到達点だったかもしれない。シリーズ中には，**塩見昇**『日本学校図書館史』[6]があるが，戦前から戦後初期の学校図書館の歴史に関する，これも必読の研究書だ。学校図書館に関する日本語の出版物には，平久江祐司や今井福司も述べているように（本書第1章，第2章），素直な実践報告や見聞録のようなものが多く，学校図書館に関わって研究をすると意識して，研究対象を明確にして客体化するというような態度で書かれたものは，とても少なかったのではないか。そうした中で，このシリーズには，「理論的な究明や史的考察」（p.3）に向かう明確な意志を感じる。

　戦後日本において，学校図書館に関して出された図書の多くは，教科書である。学校図書館司書教諭の講習や大学の課程での採用を目指して多くの教科書が出版された[7]。しかし，研究に基づいて書かれた形跡のあるものは決して多くない。2000年を過ぎたころ，樹村房から出版された，**古賀節子**監修「司書教諭テキストシリーズ」（全5巻）は，研究という角度からも点検されたシリーズだと思うが，実はこのようなものは学校図書館については多くないというのが筆者の見方だ。

　またいっぽうで，英語の図書や雑誌記事などの翻訳は，熱心に行われてきた。長倉，古賀のほか，渡辺信一も，日本に紹介すべきと思われる資料を見つけ，質のよい翻訳をするために，力を尽くされた。翻訳の出版というのは，一から書くのと同じくらい，もしくはそれ以上の時間や神経を使う。語学力も相当，必要なのだから，戦後のこのような仕事はきちんと評価されるべきだ。ほかには，ビデオ教材も作られてきた。これも司書教諭資格付与の教育において頻繁に用いられてきたと思われ，その影響力，意義を改めて考えてみ

る必要があろう。もちろん，このほかにも多くの論文が学会誌など
に発表されてきたが，ここでは図書を中心に紹介した。戦後日本の
学校図書館の研究史，出版史は，取り組みが求められている。

3. 歴史という研究手法の基本の基本

3.1 資料批判

筆者は，修士課程に進んでから指導教授にアドバイスをいただい
て，修士論文の研究手法を歴史と決めた。文献だけで国際比較研究
をするということの限界も感じての選択であった。正直に言うが，
学部生時代に歴史学をきちんと学んだことはなかった。だから，修
士課程では指導教授の言葉を大切にし，はじめて，歴史研究の入門
書を読み漁った。

歴史研究の基本について修士課程時代に指導を受けたと記憶して
おり，今もしばしば思い出されるのは，以下である。誤解や記憶違
いのある可能性があるが，その責めは当然，筆者が負う覚悟をして
記そう。まずは，資料の取り扱いの基本，資料批判の重要性につい
てである。

> どんなに苦労して見つけたとしても、資料のほとんどは直接、
> 研究論文に使うことはない。見つけた資料がどのような背景を
> もって作成され残されたか（例えば誰がどのような動機で記録
> を残しているか、逆に残されなかったものは何か）を把握する、
> 考えることがまず必要である。

そして，歴史研究に限定されない話だと思うが，図書館を研究す

第 4 章　学校図書館への歴史研究からのアプローチ　63

る者としての図書館現場との距離の取り方についても印象に残って
いることがある。

　　研究者としてしっかりしたものをまず書くこと。現場との距離
　　のとり方がわかるまでは、安易に近寄らないこと。

　これは、前にも少し述べた、研究対象の客体化の問題であろう。
今は、図書館現場にいながら研究に取り組む人も少なくないし、こ
れについては大激論になりそうだ。ただ、筆者について言えば、学
校図書館現場から距離を置くようにと若いときに聞いたことが、後
述する実証主義の態度を身につけるために良く働いたと感じている。
もしかすると、個人の性格によってもこのような指導の必要性は変
わってくるかもしれない。

　また、このころ出会った、強く記憶に残る一冊がある。多くの歴
史学者が言及している、カー（Carr, Edward Hallet）の『歴史とは
何か』（1962）[8] である。この本についても後述する。

3.2　資料の発掘，入手
①公文書館に残される資料

　筆者は、博士課程に進学してはじめて、共同研究と本格的な論文
執筆を経験した。指導教授がちょうど占領下日本の図書館改革につ
いての研究に着手したところであった。誘っていただいたこの共同
研究ではじめて占領軍の残した資料を詳しく見て、資料の取り扱い、
資料批判を実践的に学んだ。

　博士課程に進んで三ヶ月後にはハワイ大学に留学のため渡ったが、
この留学時代から、アメリカ合衆国の図書館や文書館で占領期の学

校図書館政策に関する資料の発掘，収集を独自にはじめた。図書館相互貸借（Interlibrary Loan: ILL）も使って，留学中に，占領軍が残した**灰色文献**（会議資料，会議録など）をできるだけ広範囲に渡って目を通した。留学の2年目にはメリーランド大学に渡って夏学期を過ごし，国立公文書記録管理局（National Archives and Records Administration: NARA）に通った。ここで，アメリカ合衆国の**公文書管理**の徹底しているさまを体験した。日本を専門とする専門職の**アーキビスト**や，そのほかの研究者たちと出会い，つたない英語でも少しでも会話をすることで，公文書管理やそれに基づく歴史研究の第一線に触れた。博士論文執筆への意志がはっきりとしはじめ，さらに，イリノイ州立大学アーバナ・シャンペーン校に置かれるアメリカ図書館協会の文書館（American Library Association Archives: ALA Archives），ノースカロライナの州立公文書館，ニューヨーク州オルバニーの州立図書館などを訪れて資料の発掘作業を行った。この経験で，日本の文書館は発展途上であることをつくづく感じた。個人が資料を持っていることもいまだに多い。その場合，その人にどうアプローチするかからはじまるため，研究がフェアとはいえない。日本における歴史研究の障害の1つだと今も思っている。

　近年，インターネット検索で多くのデジタル化された歴史文書を見ることができるようになってきた。そのような文書の公開システムは発展途上で，文書館に赴くことがおそらくまだ不可欠だと思うが，今後はどうだろう。しかし，インターネット上の文書公開がさらに徹底したとしても，検索（システム）の質によって調査がだいぶ変わってしまう可能性は気になる。デジタル化においてうまく写らなかった書き込みなどがあるかもしれない。通覧や飛ばし読みの容易さから言っても，オリジナル資料を徹底的に見ることができる

のであれば、見てみたいと思ってしまうのは、筆者が慣れた方法に
こだわっているだけだろうか。

②インタビュー、映像、画像資料

　歴史学分野の研究動向にも目を配っておきたい。日本の戦後史研
究において**オーラル・ヒストリー**の可能性に注目が集ってきたこと
を横目に見て、筆者も、いくらかでも学校図書館史研究に取り入れ
たいと思うようになり、占領期の学校図書館を知る先輩方への**イン
タビュー**に挑戦した。インタビューでは、生々しい言葉、表現で当
時について聞くことができ、それまで発掘、収集してきた記録資料
に新しい光を投じるものだと感じた。しかし人間の記憶というもの
はそれほど信じられるものなのかという疑問がある。記憶に基づく
インタビューと記録を照合する作業には、インタビュー協力者の思
いもあって、神経を使う。聞き手の引き出し方が大きく影響すると
いうこともある。そのように独自の難しさ、課題もあることから、
歴史研究の資料としてインタビューを採用したいと考えるのならば、
インタビューという研究手法について学ぶ必要がある。参考になる
資料は日本語でも見つかるようになってきている。

　また、記録の中でも、画像や映像が、今後はもっと研究資料とし
て活用されるようになると期待している。そのように、あらゆる資
料に可能性が見出され、多角的に研究が進められることが望ましい
といういっぽうで、同じ資料による研究が複数の研究者によって行
われて、おそらくはじめて議論できるようになることがある。言う
までもないことかもしれないが、先行研究で一度取り扱われた資料
だからといって、もう一度、見てみる必要がない、研究の資料にで
きない、ということはまったくない（それは、先行研究に敬意を払

わないということを意味しない。むしろ反対だ）。

　筆者はその後，**ライフ・ストーリー**という考え方に共感するように
なり，戦後日本の学校図書館現場でたゆまぬ努力を続けられた先
輩方にお話をしていただき，記録を公表するようになった。それは
語り手によって，その場のその時の語り口によって，また聞き手に
よっても変わる万華鏡のようなもので，簡単には歴史研究の資料と
はできない。しかし，すぐに研究としてまとまらなくても，資料を
残す作業として意味があると考えている。もっとも，資料批判の観
点からは，筆者が何を資料として残そうとしているのかが問われる
だろう。

4．実証と解釈

　歴史研究では，実証と解釈の問題が常につきまとってくる。歴史
学における実証主義者は，端的に言えば，資料批判を徹底的に行っ
て疑わしい資料を排し，客観的な事実つまり**史実**を確定させ，科学
的に記述することに専心する。そして，歴史について主観的な解釈
や評価つまり**価値判断**を行ったり，特定の立場に歴史を利用したり
することは許さない。**知的禁欲**を課し，求める。アナール学派など
による説得力ある批判や取り組みはあっても，今も，近代歴史学の
基本の１つに，この実証主義的な態度があると思われる。

　ここで具体的に歴史研究をすることを思い浮かべてみよう。図書
館や教育を研究するというとき，研究の手法の選択とととともに，研
究の対象を適切な範囲に収めて選択することが不可欠である。研究
をはじめようとしてみればすぐに自覚できるが，学校図書館を研究
対象とする，しかも特定のある時代について，あるできごとについ

て，と考えていくと，それは，自らの問題意識，要するに気になる，重要そうだという，主観も混ざった意識と無関係には決定することができるものではない。そして，そのような問題意識は研究の原動力となるものであるから，否定されるべきではないだろう。むしろ，歓迎したい。しかし，設定した研究対象に対して史実を明らかにする段階では，資料批判や，主観を排した解釈といった知的禁欲は，常に意識しておくべきだ。たとえ，人間であるところの研究者が完全に主観を排して資料を考察し解釈することが可能か，という疑問をもったとしてもである。そのような知的禁欲を共通にする研究者が，客観性のフィルター（と思われる研究手法）にかけた研究成果を提出し合うことで，歴史研究が進展するのである。知的禁欲のもとに，検証可能な研究をし，解釈の妥当性を他者と議論していくということである。

　ただ，学校図書館研究では，前述のように，これまでは研究をする者が少なかったために，議論の仲間を得ることが難しかった。しかも，研究をする者しない者すべて合わせても学校図書館関係者を自覚する者の数は限られており顔が見えるから，正面からの議論をお互いに避ける傾向がある。職員問題などはその最たる例だ。今後，学校図書館の研究に実証主義的な態度をもって取り組む人が増えて，この課題が乗り越えられる日の来ることを期待している。

　ところで，少し大きな研究になると，分析軸を設定して解釈をして研究をまとめあげることになる。例えば筆者の博士論文では，戦前から占領期の学校図書館の「連続と断絶」が分析軸となった。その太い分析軸に対して，次の2つの視点からアプローチし，実証を試みた。「アメリカの学校図書館の受容」という視点と「アメリカと日本の関係者の協働」という視点である。筆者の場合，分析軸を

先にもって研究を進めるのではなく，まずは研究対象の時代を決めるくらいで，足を使って気になることを徹底的に，なるべく広く調べて行き，事実を明らかにして積み重ねていくアプローチをとるようにしている。そして，そのような非常に時間のかかる資料の発掘作業に平行して，先行研究を広く読んでいく。そうして，資料から明らかになってきた事実とおぼしきものと照らし合わせていくと，分析軸が見えてくるのである。これは自らに対し実証つまり事実の特定を優先する態度を要請するために取っているアプローチ法であるつもりだが，おそらくもっと早い段階で分析軸を適切に設定し，より効率のよい資料発掘作業などを行うことのできる研究者もいるだろう。

5.　学校図書館を歴史という手法で検討する意味
　　──なぜ歴史研究か

　学校図書館に歴史研究によってアプローチする意味も問わねばなるまい。それには，歴史学のトレンドから目を離さないようにしながら，史学史や歴史哲学などもフォローして，自分で，歴史というアプローチで学校図書館を研究する意味を考え続けていくということになるかと思う。

　なぜ歴史研究か，とうことは，歴史学にさまざまな言説があるので，いろいろ読んでみれば，問いかけを経験し，手がかりを得るだろう。筆者の場合，前にも触れた，カーの『歴史とは何か』にしばしば立ち返っている。

　　歴史とは、歴史家と事実との間の相互作用の不断の過程であり、

現在と過去との間の尽きることを知らぬ対話なのであります。

(p.40)

これは有名な文句だが，いかに過去に向き合うべきかを考えさせる，シンプルだが深い感触がある。この先に，カーは次のようにも言っている。

歴史とは過去と現在との間の対話であると前の講演で申し上げたのですが，むしろ，歴史とは過去の諸事件と次第に現われて来る未来の諸目的との間の対話と呼ぶべきであったかと思います。

(p.184)

過去を知って何になるなどと，こんなことを口に出して言う人はいないにしても，言外にそのような態度の人たちはいる。そうした人たちへの答えになるだろうか。先日，アウシュヴィッツ＝ビルケナウ強制収容所を訪問した際，最初に入った建物の入口に掲げられていた，哲学者サンタヤーナ（Santayana, George）の言葉「Those who do not remember the past are condemned to repeat it.」（ポーランド語も併記されていた）を思い出す。

カーの次の言葉も筆者に迫ってくるものがある。

歴史の研究は原因の研究なのです（中略）歴史家というのは、「なぜ」と問い続けるもので、解答を得る見込みがある限り、彼は休むことが出来ないのです。偉大な歴史家——というより、もっと広く、偉大な思想家、と申すべきでしょう——とは、新しい事柄について、また、新しい文脈において、「なぜ」とい

70

う問題を提出するものなのであります。　　　　　　(p.127-128)

　歴史に法則性はなく，一回性の連続なのだとしても，過去について「なぜ」を問いかけ続けることで，現在と未来に対して責任を果たそうとしている存在こそが，歴史研究というアプローチをとる者なのではと思う。

　ところでカーは，次のようにも言っていて，これは徹底した実証主義など歴史研究において不可能であることを指摘していると思われる。筆者は実証主義的な態度をとるべきことを前に指摘したが，以下はあまりにも重要な指摘であるので，記しておこう。

　　事実はみずから語る，と言う慣わしがあります。もちろん，それは嘘です。事実というのは，歴史家が事実に呼びかけた時にだけ語るものなのです。いかなる事実に，また，いかなる順序，いかなる文脈で発言を許すかを決めるのは歴史家なのです。

　　　　　　　　　　　　　　　　　　　　　　　　　(p.8)

　このように印象的な記述があふれる『歴史とは何か』であるが，これ以上，部分的に紹介していくことは適切ではないだろう。一度，目を通してみることをお勧めする。カーは，歴史は科学か，歴史における客観性，といった難題についても丁寧に議論している。

　ところで，最近，読んで印象的だった歴史学関係の本に，保城広至『歴史から理論を創造する方法：社会科学と歴史学を統合する』(2015)[9] がある。いろいろな問いが検討されていて，簡単には理解し得ない内容も多く含まれているものの，大変考えさせられた一冊なのだが，例えば，カーが言ったように歴史学が原因を問う学な

のか，ということも問い，議論している。この本が筆者の関心をひいたのは，図書館情報学が社会科学の1つの学問領域であるならばと考えて，サブタイトル「社会科学と歴史学を統合する」において問題意識が共有されるように思われたからである。前に述べたように，筆者の場合は，歴史学の基礎を学部教育で学んだ経験がないので，頻繁に，独学にありがちな不安を覚える。このような初学者向けでありながら，新しい地平を切り開いていくような本には，とても励まされる。

　歴史研究に不安を感じながら取り組んできたことと引き換えには，しかし，さいしょに先輩研究者たちの巨大な研究成果に圧倒される機会を逃したがゆえに自由だったのかもしれないと思うことがある。歴史のいわゆる"勉強"（ここでは，事実とほかの人が言うものを理解して暗記をするという意味）ではなく，調査し研究するという姿勢でずっと歴史と付き合うことができてきた。図書館情報学を学ぼうと考えながら，中でも学校図書館を研究の対象としようと考える人のほとんどは，対象への関心には事欠かないようなので，歴史を含めて研究手法を学ぶことについて謙虚かつ意欲的でさえあれば，研究をはじめることはできるのではないかと思う。本稿の冒頭で，もともとの筆者の関心が国際比較であったことと述べた。これについても，比較文化論の研究などを参照しながら，歴史研究と平行して，関心をもち続けている。学校図書館を内向きに見ているのでは学校図書館を客体化することが実は困難であると感じる。残るページも限られているからこれについて詳しくは述べないが，研究の範囲，また視野をあまりに狭めないよう，努力したい。

6．おわりに——研究の継続という課題

　研究，実践，政策の健全な関係を模索することは，日本の図書館がこれから取り組まなければならないことだと思っている。筆者の場合，主として制度に関わる歴史研究をしてきたので，学校図書館現場の実践の中で自らが発表した研究を反映してもらいたいと考えたことは無かった（改めて考えてみると，これが適切なのかわからない）。しかし，制度や政策に自分の研究がまったく影響しないということは感じ続けてきており，それに無力感を抱えてきた。ただ，教育において，子どもにとって，社会にとって，何が最善か，もしくは正しいか，といったより大きな問題との関わりから捉えるならなおさら，学校図書館についても簡単に実践や政策を提言することはできない。筆者の場合，そうしたことを考えているうちに時間が過ぎていき，ひとりで勝手に無力だと感じてきたというのが本当のところかもしれない。しかし，図書館情報学や教育学が対象とする図書館や教育は今この時も存在するのであって，その研究が孤立しているわけはないのだから，自らの研究をもって，実践者や政策立案者との対話に参加することに，最終的には責任があるのだろう。また，その参加が新たな研究意欲につながるということもあるだろうと思う。

　研究を続けていると，何度も，どこからか，自分は何をやっているのだろう，なぜこれをやっているのだろうという問いが投げかけられてくる。研究の手法は，認識論の問題でもあって，近代において特に人文・社会科学分野で研究，もしくは科学的と考えられてきた（いる）ことにどんな意味があるのかは議論できる[10]。職業として研究者の道を選べば，自分の研究がまさに碌を食むための仕事

になっていないか，いかなる政治性を帯びているのかなどという問いも尽きず，常に前向きに答えを出していくことができる人はそう多くないのではないかと推測する。

いっぽうでアメリカ合衆国でプラグマティックに実践や研究を切り開く図書館関係者たちに会うと，こうした問いがふっとぶ力強さで活動しているなあと感動してしまう。1つには，彼らのコミュニティには，図書館を研究することの意味は，図書館の実践を科学的に考えるということ，科学的根拠を与えることという共通認識があるように感じる。これはシンプル過ぎる感じがするのだが，科学への信頼，科学的探究の継続への意志がかなりの程度，広く共有されるアメリカ社会では，この答えが十分に力をもつのだろう。またもう1つには，アメリカ合衆国では，図書館専門職として働く人びとはたいてい修士課程で図書館情報学を学んでおり，修士号取得者に一般に期待できることが実際に期待できて，仲間がたくさんいるように思えるのだ。例えば，論文を読む経験，そして読む力である。マネジメントの力，研究遂行の力を身につけている人も少なくない。そうした人が集るコミュニティの対話には，実証主義的な態度を前提に，図書館の，社会の現実を動かしていく意志が確認されているように思われる。

歴史研究にとどまる話ではないが，今いるところ，仮に自らが居心地のよい場所（comfort zone）にいると感じていても，それをたまには抜け出してみることが，行き先はアメリカ，はたまた外国に限らず，思考の活性化，研究の継続に大切な刺激になるように思う。学校図書館の歴史研究に関心をもち意欲的に取り組む方が増え，議論が活発化する日が近い将来やって来るものと期待している。

注・参照文献

1）佐藤卓己『ヒューマニティーズ 歴史学』岩波書店，2009，141p.

2）竹前栄治「占領研究 40 年〔最終講義〕」『現代法学』8 号，2005.1，p.21-44.

3）例えば，川崎良孝・吉田右子『新たな図書館・図書館史研究：批判的図書館史研究を中心にして』京都図書館情報学研究会，2011，402p.

4）参考になる文献として，舟見明美「『図書館学会年報』にみる学校図書館研究：1954 年 11 月（1 巻）―1999 年 2 月（44 巻 4 号）」『情報社会試論』Vol.5，1999，p.31-40.

5）長倉美恵子『世界の学校図書館』（図書館学大系第 3 巻）全国学校図書館協議会，1984，217p.

6）塩見昇『日本学校図書館史』（図書館学大系第 5 巻）全国学校図書館協議会，1986，211p.

7）参考になる資料として，松本直樹・高浪雅洋・松田ユリ子「第 6 章 司書養成および司書教諭養成のテキスト一覧」中村百合子ほか編著『図書館情報学教育の戦後史：資料が語る専門職養成制度の展開』，2015，1052p，p.849-917.

8）E. H. カー著／清水幾太郎訳『歴史とは何か』岩波書店，1962.

9）保城広至『歴史から理論を創造する方法：社会科学と歴史学を統合する』勁草書房，2015.3，182p.

10）このことについてきちんと書くことのできる力を筆者はもちあわせていない。ただ，近年に出版された，「人を支援する実践に役立つような人間科学は，どのようなものでなければならないか」（p.276）をテーマとしたという次の一冊は刺激的で，学校図書館研究にも参考になると思われたので紹介しておきたい。小林隆児・西研編著／竹田青嗣ほか著『人間科学におけるエヴィデンスとは何か：現象学と実践をつなぐ』新曜社，2015.

第5章　読書指導の研究アプローチ

足立幸子（新潟大学）

1. はじめに

　本稿の目的は，**読書指導**あるいは読書それ自体の研究方法について，筆者の研究経験をもとに述べることである。筆者は国語科教育学の分野に研究者として身を置いて読書指導を取り上げてきたが，学校図書館学の研究業績を参考にしてきたし，自分が行った研究には学校図書館学と言えるものも含まれていると考えている。

　ここで取り上げる研究アプローチは，歴史研究，比較研究，調査研究である。筆者自身もこれら3種のアプローチをとりながら，読書指導の研究を進めてきた。中には，複数のアプローチをとっている研究もあるが，それぞれについて紹介したい。

2. 歴史研究

　教育学の研究において「どのようにすべきか」ということをアカデミックな研究のリサーチ・クエスチョンとして立てることは難しい。そこで，問い方を変えて，「どのようであったのか」を明らかにしようとするのが，**歴史研究**である。基本的な手法としては，様々な文献に書かれたことを拾い集め，組み合わせて「このようで

あった」ということを明らかにしていく。そこで重要なのは、どのような資料があるのかということである。

　人物研究は歴史研究の中の1つ手堅い研究として、国語科教育学では確立していた。あることを唱えている論者がいて、その論の中身を、様々な文献に合わせて取り上げていくという手法である。筆者は、読書指導論者のパイオニアともいうべき**滑川道夫**という人物を取り上げた。「滑川道夫読書指導論研究」[1]は、最初に書いた論文である。滑川道夫の読書指導論については、筆者がこの論文を書く前にすでに4件の先行研究があったため、次のように自分の研究課題を設定した。

1. 先行研究では時期や著作を限定しているので、本研究では滑川道夫読書指導論の全体像を把握すること。
2. 先行研究では読書指導論の特徴が分析されている。その特徴をさらに構造的にとらえること。
3. 先行研究ではそれぞれの視点からの意義あるいは限界が論じられている。そこで指導論成立の背景を探究すること。
4. 先行研究では、滑川が長期にわたって教育者・研究者として活躍し、読書指導について言及しているにもかかわらず、成立史研究がなされていない。本研究では、成立史研究を中心にすること。

研究の方法としては、とにかく滑川道夫が書いたものは何でも集め何でも読んだ。滑川の著作は多く、単著・共著を含めて、100冊を越える図書が出版されていた。滑川の文章は難しくはないのだが、羅列的で全体構造が分かりにくい。また、読書指導だけを論じていた

わけではない。若い頃に綴方教育運動に身を投じていたし，晩年には児童文学会を創設し会長にもなった。そんな中で，私が目を付けたのは，滑川道夫が「読書指導とは読書による生活指導をいう」という定義を行っているが，その中身はどのように考えられたのかということであった。結論から言うと，生活綴方運動時代に培った子供を見る目や生活概念が，昭和 20 年代〜 50 年代にかけて出されていた読書指導に関する著書にも反映されていた。そのことを示した論文である。この論文は筆者の歴史研究のうち，最も基本的な論文であると言える。「滑川道夫読書指導論への成蹊教育思想の影響」[2] は，前述の論文の中で残してあった課題，「読書における東洋的思考」について，滑川の戦前戦後の教員生活との関係から論じたものである。この論文は，歴史研究の論文ではあるが，単に古い文献を多く読んで理論付けていくという基本的な研究以外に，別の方法を用いて補強を行った。その補足的な研究方法とは，教え子や同僚に**インタビュー**をし，資料提供を受け，その資料や証言から証拠を得るという研究方法である。その中で，教え子の人たちの回想録なども入手し，滑川が論じた内容が，滑川の実生活の中でどのように位置づけられているかということも，明らかにすることができた。このような研究方法がとれたのは，歴史研究の対象である滑川道夫が比較的新しい時代の人物で，多くの教え子や同僚の方々がその論文を書いた当時に活躍されており，アクセスが可能であったからである。しかし，この論文には，失敗談もある。私はインタビューをして回るにあたって，インタビューをする前に滑川のことをよく理解していなければならないと考えた。そして，滑川の仕事のよき理解者であった奥様にインタビューをしようとした。しかし，インタビューを申し込もうとした時ご高齢の奥様はすでに亡くなっている旨の丁寧な手紙をご子息よ

り頂戴した。実は私は奥様へのインタビューを数年前に決意していたが，文献をよく調べないうちにインタビューを行うのは失礼だと考えて，文献を読むことに数年をかけてしまった。もっと早くにインタビューをしていればよかったと後悔している。反対に言えば，このことがあったからこそ，教え子や同僚の方にインタビューして回るのに躊躇してはならないと考え，この論文を書くに至ったのである。幸いなことに『読書科学』に掲載されたこれら2本の論文で，読書科学研究奨励賞をいただくことができた。これで，研究者としてやっていけるという安心感を持つことができた。

3．比較研究

　読書指導における**比較研究**とは，海外における読書指導を取材し，日本の読書指導と比較することで，課題を見つけたり指導法を開発したりするというものである。

　筆者の研究の中から，大きく分けて2つの比較研究を紹介したい。1つは，読書指導の方法（**読書指導法**）の比較研究であり，もう1つは，読書指導の評価（**読書力評価**）の比較研究である。

3.1　読書指導法の比較研究

　まずは，スペインの「**読書へのアニマシオン**」の研究がある。経緯を示すと，大学教員になって2年目に，ある研究会に出た際に教育雑誌の編集長が「スペインで『読書へのアニマシオン』という手法があるが，それを勉強するセミナーに一緒に来てみないか」と誘ってくださった。それは日本人向けのセミナーで，その読書指導法は，前もって本を読んでおき，作戦という話し合いの技法を持ち読

む力を高めていくというものであった。それまで,「適書を適者に適時に」薦めることぐらいしか手法がなかった日本の読書指導にとって,これはかなり面白い方法で比較研究として取り上げる意義があると考えた。滑川道夫読書指導論研究を通して,日本の読書指導史をある程度把握していたので,この「読書へのアニマシオン」の日本の読書指導と違う点に着目してまとめたのが,「『読書へのアニマシオン』導入の意義」[3]である。さらに,スペインにおける「読書へのアニマシオン」の成立に焦点を当てたのが「『読書へのアニマシオン』の成立」[4],成立後のスペインでの展開を取材したのが「スペインにおける『読書へのアニマシオン』の源流と拡大状況」[5]である。

比較研究には語学力が欠かせないという人がいるが,筆者の経験では一番必要なものはむしろ「問題意識」である。比較する対象は,その国の歴史や制度や状況の中に埋め込まれている。どのようなところを興味深くとらえるか,何を切り出してくれば,有意義な研究になるのかに対する感覚が必要である。比較研究は,外国の教育事象を研究対象とする。しかし,その対象は,外国の歴史・文化・制度の中で育まれてきたものである。それをそのまま日本の歴史・文化・制度の中に,移し替えようとしてもうまくいかないことが多い。そのような前提を意識しつつ,何であれば取り上げる意義があるのか,どの範囲を取り上げるのかが最適なのかを見極める必要がある。

このような問題意識を明確に示して紹介したのが,アメリカにおける「**リテラチャー・サークル**」である[6]。読書へのアニマシオンをいろいろなところで紹介してまわったが,当初,教育現場でこの方法はなかなか浸透していかなかった。例えば,この方法では子供たちは1冊の本を予め読んできて1つの作戦(読書方略を学ぶゲ

ーム）を体験しその方略を習得していくのであるが，教科書教材が
用いられたり，1つの教材でいくつもの作戦が用いられたりしたの
である。これでは，「読書へのアニマシオン」の読書の活動とは全
く異なる，旧来の教科書指導と変わらない。そこで，なぜそうなっ
てしまうかを考え，もっと扱いやすいリテラチャー・サークルを紹
介することにした。

　研究手法ということでいうと，まずは，読書へのアニマシオンの
ような，しかし，もっと扱いやすいものを文献上で探すということ
から始まった。そして面白そうなリテラチャー・サークルという方
法を発見し，その方法を進めている教員研修に参加したり，研究者
にインタビューをしたり，学校見学をしたりという，自分にできる
あらゆる活動を行った。特に重視したのは，どのような本を用いて
リテラチャー・サークルが行われているかに気を配ったことである。

　筆者が運がよかったと思うのは，スペインにしてもアメリカにし
ても，このような研究を進めたいときに，スペインの研究所とアメ
リカの大学に客員研究員として滞在する許可を得て，単に文献なら
ず，学士課程・修士課程・博士課程の授業，学会，教員研修に参加
したり，教育現場の教育実践，図書館，出版社などを見学したり，
そこで働いている人たちにインタビューしたりできたことである。
そして，滞在期間を終えた後も，文献，教員研修，学会，関係者イ
ンタビューなどを行いながら，**交流型読み聞かせ**[7]，**読者想定法**[8]，
パートナー読書[9] など複数の読書指導法についての比較研究を継
続している。

　これら読書指導法の比較研究は，私の場合，基本的に外国での読
書指導の方法を知って日本の読書指導と比較するところから始まり，
徐々に日本でその指導法が使用できるように実践研究を行いながら

整えていくという指導法開発研究に向かう傾向があるようである。研究者になったばかりの頃には、海外の特徴ある読書指導の方法を見つけて日本に紹介する意義を理論的に追究すれば、研究者の仕事は終わりだと考えていた。しかし、紹介論文を書いただけでは、本当の意味で日本の教育現場を変えることはできないようである。根気強く自らその指導法を用いた師範授業を行ったり、あるいは現場の教員・学校司書に研修などで紹介してから実際に実践してもらい、児童・生徒のデータを集め分析していったり、それをまた紹介したりということの繰り返しを行って、ようやく全体として教育現場あるいは学校図書館現場に有益な指導法の提案となるのが日本の現状であり、そこまで行うことが読書指導の方法の比較研究であると考えている。

3.2 読書力評価の比較研究

読書指導法の比較研究を始めた頃から、日本語の「読書」という言葉に違和感があった。というのは、日本語の（あるいは日本の教育における）「読書」という用語の範囲は、私が比較対象としている国々で使用されている言語（具体的には英語の reading とスペイン語の lectura）に対して、大変狭いと感じてきたからである。そこで、海外の教育の文脈では、読書力の内実はどのようなものかを研究したいと考えた。着眼したのは読書力評価である。何をどのように評価しているかを見れば、何を読書と考えているかが分かるからである。

まず、イギリスのナショナル・テストを見てみることにした[10]。そうすると、まず、雑誌の形をとった豊富な読書材や、雑誌の編集長の編集後記など、日本の文学的文章、説明的文章とは異なる様々

な形態のテストに驚いた。また，実際の図書を用い，面接方式で，本を選ぶところを評価したり，音読をテストとして評価したり，多様な読むことの側面を評価していることが明かになった。次に見てみたのは，アメリカの NAEP というテストであった[11]。このテストで特に面白かったのは，読書力の過程の分析と，児童・生徒の学校出の授業の様子が質問紙調査で測定されていることだった。児童・生徒は，読書したことを学級で話したりあるいは他の児童・生徒が話したりするのを聞く経験などが尋ねられていた。オーストラリアの研究所 ACER が開発した DART という評価セットも，大いに魅力的だった[12]。イギリスのナショナル・テストと同様に，雑誌の形態での多様なジャンル，特にマンガを素材として用いたり，ストーリーの最後を作ることで物語というものを理解しているかを問うたり，詩に添えられた挿絵を使って答えるテストがあったりして，従来の読むことのテストの範囲を超えたテストの形を見，読書の多様な側面を評価していくことの魅力を感じた。特に読書との関係で，DART の中で面白いと思ったのは，絵本を使用した読書予想問題である。

1. ここの部分を何というか。（タイトル）
2. この絵本には何が書いてありそうか。（絵本の表紙の絵やタイトルを手掛かりに，ストーリーを予想する）

　つまり，読書力評価と言った場合に，何が書いてあるかを読み取るということだけにとどまらず，絵本に関する知識や，絵本に対する振る舞い方も評価の対象にしているということを明らかにすることができたのである。

4. 調査研究

筆者が携わった調査研究には，読書そのものの実態調査といった性格が強い研究と，読書指導の効果についての調査研究がある。前者はどちらかというと大規模で行い，後者は個人研究である。それぞれについていくつかを紹介したい。

4.1 読むこと・読書の実態調査研究

実は，読むこと・読書の実態調査は，前述の読書力評価の比較研究と関連がある。折しも 2000 年から OECD の国際学力調査 PISA が始まった。これは，2000 年，2003 年，2006 年，2009 年……と 3 年ごとに読解力，数学的リテラシー，科学的リテラシーの 3 領域を調査しており，2000 年頃から筆者は注目していた。そして，国際的に読解力と考えられているものは，日本で読解力と考えられているものとかなり異なるのだということを知り，それでは外国ではどのようなものを読書力として評価しているかと，様々な国内テストや評価を調べて回ったのが，前述の 3.2 読書力評価の比較研究であったからである。2003 年，2006 年と日本の生徒たちの読解力の得点が低いことが，「学力低下」と騒がれて，2008 年改訂の学習指導要領に影響を与え，その際に「読書活動の充実」が掲げられ，国語科の内容「C 読むこと」に読書が位置づけられた。筆者はというと，PISA の 2009 年の国際読解力専門家委員として，PISA の枠組みの作成に携わったり，調査問題の検討に加わったりした。PISA は前述の 3 領域をテストしているが，その中で毎回 1 つを中心領域として位置づけている。読解力の場合は，2000 年の次が 2009 年であり，そこで読解力の枠組みの再検討や，デジタル読解力の調査問題の作

成が行われたりした。筆者はその舞台裏を目の当たりにし，大規模調査の魅力を感じた。本稿で取り上げておいたらよいと思うことは，日本語では読むことを読解と読書に分け，国語科教育は読解の方を，学校図書館は読書の方を担当してきたようなところがあったが，国際的には両方とも読書（reading）であって，そんな区別はないということである。また，調査方法について言えば，読書（**reading literacy**，日本語では読解力，読解リテラシー，リーディングリテラシーなどと訳されている）の認知的側面を主に**テスト**の形で，非認知的側面を「取組」と呼び主にいわゆる**質問紙調査**の形で調査しているということである。この認知・非認知という分け方は，読書の調査研究を行っていく時に，大変参考になる。

　そこで，PISA 以外で筆者がかかわった読書の認知的側面の調査と非認知的側面の調査を 1 つずつ紹介することにする。

　認知的側面の調査として紹介するのは，文部科学省委託研究「学力調査を活用した専門的課題分析に関する調査研究」の「全国規模の学力調査におけるマトリックス・サンプリングにもとづく集団統計量の推定について」（代表者：柴山直）である [13]。この調査は，むしろ学力調査の仕方の調査といった性格が強いものであるが，読書の調査として重要だと思われる点について言及したい。読書という行為を調査するためには，読まれるテクストと読む能力の規定をしなければならない。読書というとまず頭に浮かぶのが単行本または文庫本のような本の形のテクストである。しかし，一般的に読解力テストといわれるようなものには，読むのに時間のかかる本の形のテクストは用いることができない。そこで，何かしらの文章を当てることが多い。この調査では，小説の一節だけでなく，ホームページ，雑誌の中の論文，古典の現代語訳，新書など多岐にわたって

いる。また、その際に、設問が様々な難易度になるようにしてある
ということも重要な点であろう。受験者が全員同じ問題を解くとい
う、全国学力・学習状況調査や入試問題と違って、難易度の違う多
くの問題を作成し、それぞれの受験者に割り当て、トータルで受験
生全体がどのような読解能力を有しているかを測定するのである。
このような考え方を**項目反応理論**（Item Response Theory）という。
そのためには、調査において多くの問題を作成しなければならない。
次に言及するべきは、何を読む能力と考えるかという能力の枠組み
である。認知的側面の調査の場合はテストの形で読む能力を測定す
るので、テストの設問に枠組みが反映されるようにしなければなら
ない。この調査では、PISA のリーディングリテラシーに準じるよ
うにして、設問を作成した。このような調査は、日本語でいうとこ
ろの「読書」とは印象が異なるかもしれないが、海外では「読解」
と「読書」の区別はないので、読書の認知的側面の調査ととらえら
れているのである。

　この調査には非認知的側面の調査（質問紙調査）もあるが、筆者
が直接関わったわけではないので、非認知的側面の調査として、別
の調査を1つ取り上げる。それは、独立行政法人国立青少年教育
振興機構「子どもの読書活動と人材育成に関する調査研究」（代表
者：秋田喜代美）として行われた「青少年調査」である[14]。中学
生 11596 名、高校生 10606 名を対象に、幼児期から現在までの読み
聞かせや読書などの活動が現在の読書に対する意識・能力にどのよ
うな影響を与えているのかや、学校及び自治体における**読書活動推
進**の積極性が中学生や高校生の現在の読書に対する意識・能力と関
連があるかなどについて、質問紙調査の形で調査した。全体として
は、幼児期からの読み聞かせや読書の経験が、中学生・高校生の現

在の読書に影響していることが分かったといえるが，筆者としてこの調査の関心があるところについて6点述べる。1点目は**読書量**である。1カ月間の読書量について冊数で尋ねた。その際，**ジャンル**別に尋ねるということをした。その結果，物語・フィクションは読書されていても，他のジャンルはほとんど読まれていないことが分かった。次に多かったのは趣味の本で，自然科学，社会科学，伝記，生き方に関する本は，いずれも中学生や高校生に読んでほしいジャンルであるが，ほぼ0冊という回答であった。2点目は，読書の形態として，本（書籍）だけでなく，パソコン・携帯電話・スマートフォン・タブレットについても取り上げたことである。本以外のツールを使った読書はまだあまり多くなかったが，中学生よりも高校生の方が，携帯電話・スマートフォン・タブレットを使用して読書していることが分かった。3点目は，不読理由である。様々な選択肢を用意し複数回答可で答えてもらったところ，「勉強で時間がなかったから」や「部活動や生徒会などで時間がなかったから」などの多忙をではなく，「普段から本を読まないから」や「読みたい本がなかったから」などの読書習慣の不在を理由に挙げた人数の方が多かった。4点目は学校図書館・公共図書館の利用である。「図書館の利用について，1カ月あたり何冊くらい本を借りますか」という質問項目については，「学校の図書館」でも「地域の図書館」でも，ほとんど借りられていない実態が明らかになった。5点目は，自治体及び学校での読書活動推進の積極性についてである。自治体の積極性はさほど影響がないようであったが，学校の積極性は生徒本人の読書の実態と相関があることが，学校ごとに分析したミクロ分析によって明らかになった。6点目は，この調査では，読書方略（読書の仕方についてどのように自覚して実施しているか）につ

いても調査を行ったことである。「著者がどういう人か理解してから読む」や「本を持ち歩いて読む」などの項目はあまり選択されておらず，読書習慣がついていないことを思わされた。一方で「身近な人（友達，家族，先生）からの勧めを参考にする」「家族や友だちに読んだ本の内容を話す」などを選択した者はやや多く，1人でではなく他者との関係の中で読書をしていることが分かった。また，「読んだ本を映像化したもの（映画，ドラマ，アニメなど）を見る」など，他メディアの利用も含めて読書が行われていることも見えてきた。質問紙調査は研究の手法としては非常にシンプルなものであるが，その質問項目の立て方や複数項目の組み合わせ方，分析の仕方によって，読書の様々な実態を明らかにしてくれるものである。

4.2　読書指導の効果についての調査研究（小規模調査）

　私が個人研究として行っているのにはこのタイプの研究が多いのであるが，ここでは，前節で述べたリテラチャー・サークルという読書指導の効果の研究を2つ紹介する。

　1つ目は，リテラチャー・サークルが，国語の授業で行われている「再読」ではなく，日常の読書の仕方である「初読」を指導するのに効果があるのではないかということを調査した研究である[15]。この研究では，まず，初読の過程そのものについて研究を行った。大学生・大学院生に，初読をしている最中にどのようなことを考えているかを途中でメモしてもらい，そのメモを見返しながらグループで報告して話し合う**フォーカス・グループ**という手法を用いて，初読の過程で起こることを明らかにしていった。その結果，初読の過程では，a）被験者は，物語の初読においては，手掛かりになるものをもとにして予想をし，読みながら予想を修正したり，手掛か

りを変えたりしながら読んでいること，b）その手掛かりは被験者によって異なり，Zwaan ら（1995）のイベント・インデックス・モデルが参考になり，時間性，空間性，因果性，意図性，登場人物の同一性が考えられること，c）初読の過程に生起した思考は，初発の感想には必ずしも反映されないこと，d）再読中心の国語科教育において，初読の過程についての理論（Kintsch の状況モデル，Iserの「前景－背景」論など）が適用されていることの 4 点が明らかとなった。この結果をもとに，初読の過程をふまえた読書指導の条件として，4 つの条件を整理した（条件①「初読の過程」をふまえた指導については，少なくとも終わりの場面を知らない途中の段階での思考を，学習の対象とするかどうかが鍵となること。特に，初読の途中での思考を扱った読書指導が必要であること。条件②「初読」で働く読みの志向性や，先を予想することを中心に据えた，思考の扱いが重要であること。条件③途中の思考を扱う場合に，一字一句ごとの思考を取り上げるのではなくて，ある程度のまとまりや方向性を限定した思考を取り上げることが現実的であること。条件④教科書教材は，初読という意味から扱いにくい。また，本だけでなく様々な媒体を用いることが可能であること）。そして，中学校 1・2 年生 2 学級で実践したリテラチャー・サークルがこの条件にあった読書指導であったかどうかを，授業記録（ビデオ録画とグループごとの話し合い録音），役割シート，振り返りシート，アンケートをもとに，分析した。その結果，リテラチャー・サークルは，これらの条件に合った読書指導であることを結論づけたというものである。このような調査研究は，前述の大規模調査が量的研究と呼ばれるのに対し，**質的研究**と呼ばれている。調査対象者の人数こそ少ないが，多様で豊かなデータを掘り起こし，読書をしている人の

内側で何が起こっているのかを，丁寧に検討していくのである。多くの会話データを聞き取り会話記録として起こして整理したり，そのデータを役割シート，振り返りシート，アンケートと照らし合わせたりして，大変な時間と労力を要したが，読書の実態や読書指導のあり方を，よりよく理解できる研究経験であった。

　もう１つは，**量的研究**と言えるような，実験的な調査研究である。中学校の３年生２学級について，「リテラチャー・サークル」を実施した実験群と，文学的な文章教材を教師主導の発問中心に読解していくという一般的な授業の形を行った統制群に分け，どちらの方が指導効果があったのかをテストによって調査した。このような調査研究は，研究デザイン自体はシンプルである。しかし，適したテストがないのが難しいところである。そこで，前述の「全国規模の学力調査におけるマトリックス・サンプリングにもとづく集団統計量の推定について」で作成したテスト問題を利用することにした。統計的に妥当なテスト問題の一部を使用して，プリテストとポストテストを作成した。そして，リテラチャー・サークルの授業，または，文学的文章教材の授業の前と後で，プリテストとポストテストを実施してもらった。ポストテストの推定値 θ とプリテストの推定値 θ の差を両学級で比較したところ，実験群の方がその差が大きかった（指導後の得点が高かった）。明確な有意差はなかったが，有意傾向（$p<0.10$）はあるということが明らかになった。このような実験的な調査研究はアメリカなどでは盛んに行われてきたが，日本ではまだあまり行われていない。読書や読書指導は印象で語られがちなので，しっかりとした統計的な手続きをふんだ実験的な量的研究を行って行くことも重要である。

5. おわりに

　以上，歴史研究，比較研究，調査研究の3種のアプローチに分けて，筆者の行ってきた読書指導あるいは読書の研究方法を紹介してきた。アプローチに優劣があるわけではない。様々なアプローチをとることで，複雑な読書指導あるいは読書をめぐる様々な側面が明らかになると考えている。

　筆者が読書指導あるいは読書の研究を始めて約25年になる。この間に，この分野の研究は大幅に進んだと実感している。しかし，未だに読書とはどのような行為なのか，どのような指導が児童・生徒の読書能力を高めるのか，研究すべきことはつきない。本稿が，読書指導または読書の研究をしようとしている方にとって，批判も含めてご参考になればありがたい。

　参照文献
1) 足立幸子「滑川道夫読書指導論研究」『読書科学』Vol.41, No.1, 1997.4, p.1-8.
2) 足立幸子「滑川道夫読書指導論への成蹊教育思想の影響」『読書科学』Vol.41, No.3, 1997.10, p.114-123.
3) 足立幸子「『読書へのアニマシオン』導入の意義」『山形大学教育実践研究』No.9, 2000.3, p.5-13.
4) 足立幸子「『読書へのアニマシオン』の成立」『国語科教育』No.52, 2002.9, p.64-71.
5) 足立幸子「スペインにおける『読書へのアニマシオン』の源流と拡大状況」『山形大学教育学部紀要（教育科学）』Vol.13, No.3, 2004.2, p.193-204.
6) 足立幸子「リテラチャー・サークル—アメリカの公立学校のディスカッション・グループによる読書指導法」『山形大学教育実践研究』No.13, 2004.3, p.9-18.

7）足立幸子「国際学術誌における読み聞かせ研究レビュー」『国語科教育』No.55, 2004.3, p.52-29．足立幸子「交流型読み聞かせ」『新潟大学教育学部研究紀要』Vol.7, No.1, 人文・社会科学編, 2014.10, p.1-13.

8）足立幸子「想定する読者の読者反応によるノンフィクションを読むことの指導——Jean Anne Clyde らの吹き出し法（subtexting）を手がかりとして」『新潟大学教育学部研究紀要』Vol.7, No.2, 人文・社会科学編, 2015.3, p.195-205．足立幸子「読者想定法によるノンフィクションの読書指導」『新潟大学教育学部研究紀要』Vol.8, No.2, 人文・社会科学編, 2016.3, p.133-141．足立幸子「読者想定法を使用した説明的文章の指導——『フリードルとテレジンの小さな画家たち』の読者反応に着目して」『人文科教育研究』No.43, 2016.8, p.15-27．足立幸子「ノンフィクションの様々なジャンルを用いた読者想定法——メディア・リテラシーのコア概念による分析」『新潟大学教育学部研究紀要』Vol.9, No.2, 人文・社会科学編, 2017.3, p.195-205.

9）足立幸子「中学校現場に適した二人組交流型読書指導法『パートナー読書』の開発」『新潟大学教育学部研究紀要』Vol.4, No.2, 人文・社会科学編, 2012.3, p.103-128．足立幸子「読者反応を利用した小集団の読書指導におけるルーブリック評価の試み」『新大国語』No.37, 2015.3, p.17-37．足立幸子「交流を生かした読書指導——アメリカにおける In2Books の 2003 年頃の活動を例として」『新潟大学教育学部研究紀要』Vol.9, No.1, 人文・社会科学編, 2016.10, p.1-9.

10）足立幸子「読書力評価の国際標準にむけての一考察——イギリスのナショナル・テストを中心に」『人文科教育研究』No.30, 2003.8, p.95-112.

11）足立幸子「読書力評価の国際標準にむけての一考察（2）——アメリカの NAEP テストを中心に」『人文科教育研究』No.31, 2004.8, p.43-63.

12）足立幸子「読書力評価の国際標準にむけての一考察（3）——オーストラリアの DART の分析」『人文科教育研究』No.32, 2005.8, p.45-61.

13）柴山直・熊谷龍一・佐藤喜一・足立幸子『全国規模の学力調査におけるマトリックス・サンプリングにもとづく集団統計量の推定について（平成 24 年度文部科学省委託研究「学力調査を活用した専門的課題分析に関する調査研究 」研究成果報告書）』国立大学法人東北大学, 2013.3.

14) 国立青少年教育振興機構編『「子どもの読書活動と人材育成に関する調査研究」【青少年調査ワーキンググループ】報告書』国立青少年教育振興機構，2013.6.

15) 足立幸子「初読の過程をふまえた読書指導——ハーベイ・ダニエルズ「リテラチャー・サークル」の手法を用いて」『新潟大学教育学部研究紀要』Vol.6, No.1, 人文・社会科学編，2013.10, p.1-16.

第6章　小学校図書館を対象とした実践研究

塩谷京子（関西大学）

1. はじめに

　第6〜8章では，学校図書館をフィールドとしたアクションリサーチを紹介する。学校図書館を研究のフィールドとする場合，研究の目的や方法の違いが学校への関わり方（学校との距離の置き方）に影響する。また，第6〜8章で紹介する以外にも学校図書館をフィールドとした先行研究は数多くあり，それらがどのような立ち位置で書かれたものなのかを把握した上で読む必要がある。そこで，はじめに読者と共有したいのは**「研究の立ち位置」**である。

　立ち位置の確認が必要な理由として，学校図書館というフィールドが，図書館情報学と教育学（教育工学や教育心理学なども含む）の両分野で扱われているという背景がある。例えば，校内における学校図書館構築については，図書館情報学で得られた知見が生かされている。学校図書館を活用した授業，読書活動などについては，学習指導要領や文部科学省の政策文書，教育学の知見が反映されている。また，今日的な課題である情報リテラシーの育成のように，双方の知見が重なっているものもある。

　学校図書館を研究のフィールドとして選んだとき，研究をする人（研究者）の立ち位置は以下の3つが考えられる。

①学校図書館を「学校の外側から」という視点で，調査を進める。学校図書館に関わる調査を行うものの，学校の教育実践とは一定の距離を置く。

②学校図書館を活用する教職員と協力して調査を進める。実践者（学校）と研究者がそれぞれの持ち味を生かした関わり方ができ，学校からも研究者の存在が見えている。学生の場合は，指導教官の指示のもとボランティアとして学校に定期的に入ることもある。

③研究者自身が学校の教職員であり，研究者でもあり実践者でもある。研究者としての自身の課題を解決することは，自身の実践者としての職務にも反映される。学校現場への提案型の研究となることも多い。

第6〜8章におけるそれぞれの筆者は，主として③の立ち位置で研究を進めている。また，学校図書館は校種により，小学校，中学校，高等学校，特別支援学校に分かれ，そのたどってきた歴史的経緯も，職員状況も異なることについては確認が必要である。

第6章では，実践者でもあり研究者でもある筆者が，小学校の学校図書館現場で感じた諸問題を研究課題にするために，どこに問題意識を置き，何を課題として設定したのか，そして，課題に潜む問題点をどのようにして焦点化し，どのような研究方法を用いて解決しようと試みたのかを紹介する。

2. 研究の背景

2.1 小学校における学校図書館活用の現状

　筆者は小学校で教諭・**司書教諭**として勤務していたことから，小学校の学校図書館をフィールドとして調査研究を進めた。フィールドとした小学校の学校図書館の活用については，他の校種と異なる点がある。

　1つ目の特徴は，小学校の多くは**学級担任制**であり，授業で学校図書館を活用するか否かは学級担任の裁量による場合が多いことである。学級担任は自分の学級をもち，時間割を作成する。時間割のほとんどの科目（教科・領域）は学級担任が担当する。教科・領域の単元の中で，学校図書館や図書館資料を活用した方がより子どものためになると判断した場合，それらを活用した授業が可能になる。

　2つ目の特徴は，小学校の学校図書館を担当する教員は，学級担任と兼任している場合が多いことである。呼び方は，司書教諭，図書館担当，図書館主任など学校によって異なり，主な職務は，学校全体の教員を対象に，学校図書館活用全体計画を立案し実行することである。教員に対し，専ら学校図書館の職務に従事している職員（学校司書）が配置されている学校もある。

2.2 実践者としての問題意識

　このような小学校の特徴に当てはまるように，筆者も小学校において学級担任をしながら司書教諭としての職務を兼任し，子どもの学びと向き合っていた。ちょうど，自ら学ぶ力を培う総合的な学習の時間が始まった頃のことである（文部省, 1998）[1]。時代は産業社会から情報社会へと移行し，「教師主導の教える授業」から「学

習者が自ら学ぶ授業」へと，授業観に転換期が訪れた。**授業観の変化**に伴い，あらゆる場所で得られる様々な情報が教材となり，学びの場が教室だけではなくなった。その1つに学校図書館がある。本のある部屋から学びの場へと学校図書館の見直しが行われ，授業を想定した机椅子や調べるための本が置かれた。学校図書館といえば個人で行くイメージの強い場所であったのが，授業で全員の子どもが使える場所になった。

　ところが，環境が整ったはずの学校図書館にも関わらず，子どもはどこにどんな本があるのか，手に取った本からどのように情報を見つけ出したらよいのか分からないという現実に直面していた。**情報リテラシー**は，学校図書館や図書館資料を使う活動を通して身に付けていくスキルである。しかしながら，情報リテラシーを学ぶ時間が設定されている訳ではない。では，情報リテラシーはどの教科で，いつ学ぶのだろうか。このような疑問を抱きながら，学校図書館を授業で活用する方策を模索するようになった。

　静岡県内で赴任した3校の学校図書館を，学びの場へと整備するのと同時に，他校の教員に呼びかけ共に学び合う機会を作った。痛切に感じたのは，授業で使われるには学習環境の整備が必須であるものの，学習環境を整えたからといって授業で活用されるとは限らないという現実である。環境整備に取り組み，教員が授業で図書館を活用しなければ，子どもの情報リテラシーの習得までに至らない。

　その思いを抱えながら，筆者は2010年に新設された関西大学初等部・中高等部の教員として学校図書館のデザインを担当することになった。今の子どもが生きる時代は21世紀，筆者が過ごした子ども時代とは比較にならないほど，多様なメディアや情報の中で生きている。学校図書館を活用することを通して身に付くスキルは，

写真1　学びの場としてデザインされた小学校の学校図書館の例

今後の時代を生きる上での基礎力になるはずである。

　このように，実践者としての日々の営みを通して，学習環境を整えたものの，「授業」で使われない学校図書館があるという現状に対して，単に図書館側が学習環境を整えるのではなく小学校教員が「授業」で学校図書館を活用することを視野に入れて学習環境をデザインするという視座に立つ必要があると考えるようになった。

2.3　問題の所在

　研究を進めるにあたり，筆者が実践者として直面していた「学習環境を整えたものの授業で使われない学校図書館がある」という現状に対して，国はどのように整備を進め（国の整備状況），現場はどのように実施してきたのか（司書教諭の職務内容・指導内容）について，既に国や学会などが実施している調査をもとに，何が問題なのかを整理することから始めた。

文部科学省（2015）[2]，日本図書館情報学会（2004）[3]，日本学校図書館学会（2012）[4]，全国学校図書館協議会（2004, 2009）[5] [6] から詳細な調査結果が報告されていたことから，「授業」での活用を切り口して，国の整備状況，司書教諭の職務内容と指導内容の3つの視点から現状を分類し，何が問題なのかを書き出した。

その結果，学校図書館の**学習環境**については，国の施策によって整えられてきたものの，地域差・学校差があることが浮き彫りになってきた。言い換えれば，学びの場として学校図書館が機能することを目指して国は司書教諭の配置を進めたにもかかわらず，司書教諭の職務は多様であり，「**授業**」に重点が置かれていない現状があることが問題として浮かび上がってきた。

2.4　課題の設定

文献調査を進めるにあたり，筆者は，学校図書館の最大の特徴である組織化された「情報・資料」と，教育分野で蓄積された「授業」の両方を視野に入れた。学校図書館をフィールドとするものの，「授業」で学校図書館を活用することに焦点を当てているからである。また，「情報活用スキル，情報リテラシー，情報活用能力」「学校図書館，司書教諭」「学習環境デザイン」など，研究で使用する用語の整理も同時に行った。

文献調査を通して筆者が着目したのは，教育工学において大学をフィールドとした**学習環境デザイン**の研究が進められていることである。山内（2010）は学習環境をデザインするときの要素として，「空間」「活動」「共同体」「人工物」を4要素として取り上げている。また，4要素が総合的にデザインされていないと学習環境はうまく機能しないと述べ，形だけ整っていても空間が機能しないケースが

あることをあげている。そのため，具体的なプランを立てるとともに，学習環境全体のビジョンをもつことの重要性を指摘している[7]。

「4要素が総合的にデザインされていないと学習環境はうまく機能しない」という山内の指摘は，そのまま学校図書館にもあてはまる。まさに，学習環境としての学校図書館は全国的に整備されてきてはいるものの，授業で活用されていない学校があるという現状に符合している。この問題を解決するため，「学びの場として機能するためには総合的なデザインという視点をもつべきである」と考え，これを課題として設定した。

総合的なデザインをするためには，「学校図書館を学びの場にするときに必要な要素」と「各要素を学びの場として機能させるための観点」が必要になる。総合的なデザインをするときに（課題解決をするときに）ボトルネックになっているの（問題点）は，これらが抽出されていないことにあると考えた。

そこで，山内の先行研究を援用し，学校図書館における学習環境デザインの枠組みの作成を試みた。

まず，山内の示す4要素をもとに，学校図書館を学びの場とするときの「要素」を検討した。

空　間　→　従来からの，読書の空間，癒しの空間であった学校
　　図書館に，学びの「空間」が加わる。
活　動　→　各教科などの学習において，学校図書館の機能を活
　　用した「授業」が行われる。学校図書館で授業を行うだけでな
　　く，学校図書館の資料を教室や特別教室へ運び，そこで授業が
　　行われたりすることもある。
共同体　→　教員と子どもの両方がいて，授業が成立する。学校

図書館では，共同体と似た用語として「利用者（子ども・教員）」が使われていた。

人工物　→　図書館において学習を活性化する人工物は，組織化された「情報・資料」である。授業が行われるようになると，掲示物や展示物，シンキングツールなども人工物として学習を活性化させる。

このような過程を経て，学びの場として機能するための総合的なデザインをするときに，「授業」「利用者（子ども・教員）」「情報・資料」という各要素が互いに関わり合った学びの「空間」という用語を示し，それらの関係を図に表した（図1）。

次に，これらの要素を学びの「空間」として機能させるには，要素と要素を結びつける観点が必要になることから，どのような観点があるのかについて，文献調査を行なった。

その結果，学びの「空間」において，「授業」「子ども・教員」「情報・資料」という各要素をつなぐための観点として，先行研究から見出されたものと見出されなかったものがあった（図2）。

「授業」と「情報・資料」をつなぐため，すなわち「授業」で「情

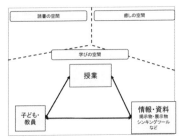

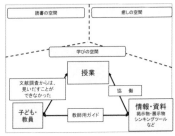

図1　各要素の関係図　　　　　図2　要素と要素をつなぐ観点の関係図

写真2　学校図書館において学習を活性化するための人工物の例
情報・資料に加えて，掲示物・展示物，シンキングツールも必要

報・資料」を活用するためには「**協働**」という観点での研究が進んでおり，担当教員と司書教諭の「協働」については効果があるという実践事例が発表されていた。課題としては，司書教諭の職務内容や役割についての認知度が現場において低いとの指摘もあった。「情報・資料」と「子ども・教員」をつなぐためには「**教師用ガイド**」という観点での文献があり，現場のニーズに沿った内容や仕様の「教師用ガイド」を作成している地域もあった。課題としては，探究の過程を見通した配列の必要性があげられている。その一方で，「授業」と「子ども・教員」をつなぐための観点に関する先行研究は見出すことができなかった。

このように，先行研究から見出された観点である「教師用ガイド」「協働」を進めていくことにより，学校図書館を活用した授業が行われ，学校図書館を活用することにより子どもに情報リテラシ

ーが育成されるという仮説を立てることができる。また，見出されていない「授業」と「子ども・教員」をつなぐための観点については，仮説を生成する必要がある。

そこで，「教師用ガイド」と「協働」の何が有効であるのかを検証しつつ（**仮説の検証**），実際に学校図書館の学習環境をデザインすること，そして事例研究を通して「授業」と「子ども・教員」をつなぐための観点を見出すこと（**仮説の生成**）が本研究で行うことと考えた。

3．研究の目的と方法

3.1　研究の目的

本研究は小学校において情報リテラシーを育成するための「授業」に注目し，学校図書館における「学習環境デザイン」の観点を提案することを目的とする。

3.2　研究の方法

学びの場としての学校図書館の特徴は，組織化された「情報・資料」にある。これらを「子ども・教員」が活用するためには，情報リテラシーが必要である。教員が情報・資料を活用し，子どもに情報リテラシーを育成するときには，「教師用ガイド」が役に立つ。「情報・資料」と「子ども・教員」をつなぐために，現場のニーズと探究の過程を組入れた「教師用ガイド」を開発し，その効果を検証する（これを仮に第4章とする）（論文の章立て例として図3を参照）。また，「情報・資料」を「授業」で活用するためには，図書館と授業の両方の知識をもつ司書教諭と授業を進める担当教員との「協働」が有効である。しかしながら，協働する時間が潤沢にある

訳ではない。そこで，担当教員単独では習得させにくい情報リテラシーを見出し，それらの習得度を協働ありと協働なしで比較し効果を検証する（これを仮に第5章とする）。このように，「教師用ガイド」「協働」については，課題はあるものの有効な観点として既に先行研究上に提示されているため，仮説を検証するというアプローチで研究を進めることができる。そこで，静岡県内をフィールドとして，「教師用ガイド」「協働」という観点をもとに効果を検証する。

その一方で，「授業」と「子ども・教員」の要素間の観点は先行研究から見出されていない。そこで，仮説を生成するために，第4章と第5章の結果をもとに勤務校である関西大学初等部の学校図書館の学習環境をデザインし，**事例研究**を通して観点を導き出す（これを仮に第6章とする）（各章の研究方法は表1参照）。

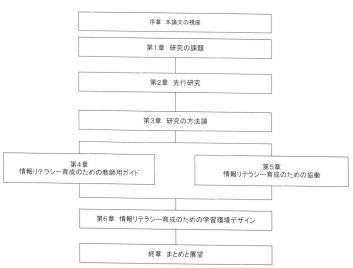

図3　論文の構成例

表1　研究の方法の概要

	第4章	第5章	第6章
調査すること	情報・資料と教員・子どもをつなぐ観点	授業と情報・資料をつなぐ観点	授業と教員・子どもをつなぐ観点
調べたい観点	先行研究から見出された教師用ガイド	先行研究から見出された協働	＜見出されていない＞
アプローチ	仮説を立てて検証	仮説を立てて検証	仮説の生成
研究計画	課題の把握→仮説→教師用ガイドの開発→運用→検証	課題の抽出→仮説→検証（協働有りと協働無し）	課題の把握→改善点の検討→運用→検証
調査対象	静岡県教員と子ども	静岡県教員と子ども	関西大学初等部教員と子ども
調査期間	2007年4月—12月	2007年4月—2008年4月	2013年5月—2014年7月
データ収集方法	質問紙，インタビュー	質問紙，インタビュー	質問紙，インタビュー
評価方法	インタビューからの抽出と検定	インタビューからの抽出と検定	検定とインタビューの分析（SCAT）

　第4章と第5章では，仮説を検証し，第6章では仮説を生成するというアプローチで進めるということは，**評価方法**も異なってくる。第4章と第5章では，子どもの情報リテラシー習得度の結果をもとに評価を行う。しかしながら，教育が進行している現場において統制群を設定することは難しい。これは，教育実践研究における共通認識でもある倫理上の問題である。特に同じ学校の同学年で実験群と統制群を作成することは，保護者や教員への説明上難しいことである。そのため十分な実験群と統制群の設定になっていないことから，結果を裏付けるためのインタビューを行い，組み合わせて評価を行うこととした。

　その一方で第6章において，4件法による子どもの情報リテラシー習得度の評価は，教員へのインタビューの資料として使用するため，インタビューの分析から仮説を導くという方法をとる。この場合のインタビュー分析はSCATを使用する。

　SCAT（Step for Coding and Theorizationの略）は，小規模データに適用可能な質的データ分析手法であり，1つだけのケースのデー

タやアンケートの自由記述欄など，比較的小規模の質的データの分析に有効とされる（大谷, 2008, 2011）[8] [9]。本研究の第6章のデータは，小規模であるため SCAT を使用することとした。

4. 研究の結果

4.1　情報リテラシー育成のための教師用ガイド

　「教師用ガイド」の効果について，公立小学校での調査結果をもとに検証した。今回作成した「教師用ガイド」の特徴は，対象を司書教諭と担当教員としたことである。両者が必要としていることが異なっていることから，司書教諭には書き込み式の年間計画，担当教員には指導に関わる基本的な知識や他教科への活かし方を簡潔にまとめた欄が役に立つことが分かった。「教師用ガイド」の使用目的として，自校の年間計画を直接書き込んだり，それをコピーして配布したりするなど，教員が読むだけでなく使うことまでを想定した仕様も有効であることが分かった。

　成果もあったが，課題も示された。情報リテラシーには，習得しやすいものとそうでないもの，担当教員が理解しやすいものとそうでないものなど，項目それぞれについて調べる必要があるという課題が見えた。また，学級数により，情報リテラシーの習得度に差が出ることから，学級数に対する配慮が必要であるという視点が必要であると分かった。

　このように，「教師用ガイド」を運用することにより，運用前には見出せなかった要件が浮き彫りになった。担当教員が単独で授業を行うまでにはいくつものハードルがあること，それぞれの情報リテラシーには特徴があり指導の仕方に影響を与えることが分かった

（塩谷ら，2007, 2008）[10] [11]。

　以上から，情報リテラシーの特徴を把握した上で，「教師用ガイド」の内容や仕様の工夫が必要であると考える。

4.2　情報リテラシー育成のための協働

　「協働」については，子どもの情報リテラシーが向上するという考えから，行政も取り組んでいる。司書教諭と担当教員が協働するためには，協働するための時数の確保が必要であるという見方がある。司書教諭に協働するための時数があれば，授業はもちろんのこと授業計画も立てやすくなる。しかしながら，行政からの文書を受けた学校が協働して授業を行うための時数を保証するとは限らない。

　本研究では，授業で扱う情報リテラシーのうち，担当教員が単独で行う授業において，子どもが習得しにくい指導項目を絞り込むという工夫により，指導する内容に重点を置いた司書教諭との協働というスタイルが提案できると考えた。調査結果から，担当教員が単独で行う授業では習得しにくかった情報リテラシーが，協働により確実に身に付くことが分かった。指導の重点として絞った「データ集を使う」「複数の情報源を利用する」「集めた情報を整理する」「レポートにまとめる」「分かりやすい構成を考えて伝える」も，しっかりと習得していたことが確かめられた（塩谷ら，2012）[12]。

　このように，「協働」は有効であるものの，時数の確保に問題があるならば協働する情報リテラシーを絞るという工夫により，少ない時間で効果が上がる方法を見出したというのが，本稿における成果である。しかしながら，この工夫は一例に過ぎない。「協働」の問題点を解決していく工夫を今後も続けていく必要があると考える。

4.3　情報リテラシー育成のための学習環境デザイン

　学校図書館の学習環境の改善は，子どもの情報リテラシーの習得度の向上に効果があることについての検証を試みた。本調査における改善の特徴は，利用者の活用を意識した展示の仕方にある。教員の要望である「授業の成果を保存・展示できる」「常に新しい情報を入手できる」ことを満たすために，授業の成果物や新しい情報（新聞など）を利用者が日常的に手に取れるような工夫を行った。

　その結果，情報リテラシーの習得度が向上したことから，利用者の活用を意識した展示の工夫は習得度の向上に概ね有効であることが示された。その一方で，情報リテラシーの習得には，授業だけでなく日常での情報収集の手段が大きく寄与することも見出された。

　調査を通して，**利用者**（子ども・教員）は学習環境デザインの重要な要素であることが確かめられた。また，「子ども・教員」と「授業」をつなぐ観点として，「学ぶ意欲とめあて，子どもの実態」が見出された（塩谷ら，2015）[13]。

　学校図書館が学びの場として整備されるようになってきたものの，授業で活用されず子どもに情報リテラシーが習得されていない現状があった。この現状を解決していく1つの方策として，利用者と授業をつなぐ観点である「子どもに抱かせたい学ぶ意欲とめあて，教員が把握しておきたい子どもの実態」は，教室と同様，学校図書館において授業をするときにも重視する必要があることを提案したい。

5.　まとめ

　筆者は，小学校現場において，「情報リテラシー」を育成するための授業に注目し，学校図書館における「学習環境デザイン」の観

点を提案することを目的として研究を進めた。

　現在，学びの場として整備が進んでいるものの，授業で使われていない学校図書館があるのも事実である。

　先行研究から，教員が「授業」で学校図書館を活用するためには，「教師用ガイド」と「協働」が必要であるという見通しをもつことができた。さらに，これらを総合的に見て学習環境をデザインするという考え方が要ることも分かった。しかしながら，これらの要素がどのように機能し合うのかについては言及されていない。そこで本稿では，学びの「空間」における「授業」「子ども・教員」「情報・資料」の各要素間のつながりに目を向けた。つながりに目を向けることにより，要素と要素をつなぐ観点を見出すことができるのではないかと考えたからだ。

　先行研究からは，要素が総合的にデザインされないと機能しないとの指摘があった。先行研究で見出すことができなかった「授業」と「子ども・教員」をつなぐ観点が見えることより，「情報・資料」「授業」「子ども・教員」が相互に機能し合う学習環境デザインができることになる。

　関西大学初等部の事例から，学びの「空間」において「授業」と「子ども・教員」をつなぐ観点として「学ぶ意欲とめあて，子どもの実態」を見出すことができた。具体的には，子どもの学ぶ意欲とめあてという観点では，学びの足跡が見えるポートフォリオなど，教員が必要としている子どもの実態という観点では，情報リテラシーの習得度のデータなどを必要としていた。これらは，通常授業を行うときにどの教員も必要とする観点である。学校図書館の授業においても，必要であることは言うまでもない。教育という視点に立ったときに当たり前と言えることは，学校図書館でも当たり前とし

ていきたいと考える。

このように、「授業」と「子ども・教員」という要素をつなぐ「学ぶ意欲とめあて（子ども）・子どもの実態（教員）」という観点が見出されたことにより、「情報・資料」と「授業」をつなぐ「協働」、「情報・資料」と「子ども・教員」をつなぐ「教師用ガイド」と共に、要素間を関係づける観点が出揃った。これらの観点を機能させることが、学校図書館の学習環境をデザインすることであるというのが筆者の提案である。

6. おわりに

本稿では、実践者でもあり研究者でもある筆者が、現場で感じた諸問題を研究課題にするために、どこに問題意識を置き、何を課題として設定したのか、そして、課題に潜む問題点をどのようにして焦点化し、どのような研究方法を用いて解決しようとしたのかを紹介した。

まず、問題意識をもとに課題を設定することを通して、「問題」と「課題」の違いを知ることになった。ここでいう「問題」とは、あるべき姿とずれている点の認識である。現場で実践しているからこそ日々感じている問題は切実ではあるものの、それだけでは研究対象にはならない。「課題」とは、「問題」を解決するために何をすべきなのかを見出すことであり、それが課題の設定となる。そのためには、「問題」に関する先行研究を広く読む必要がある。

課題が設定できたら、「課題」に関係する先行研究から「課題」に潜む「問題点」を見出す。問題点の見出し方は一言では言えないが、筆者の場合、関係する分野の先行研究を内容と方法の視点で整

理し，議論を重ねた。この「問題点」を解決することが研究の目的となる。

　このように，研究者でもあり実践者でもあるという立ち位置で研究を進める場合，現場では「問題」を実感しやすいことから，「問題」「課題」「問題点」が混同されやすい。実践を研究の対象にしていくためには，この3つを分けて捉えることが大切な第一歩であると考えている。

　参照文献
1）文部省「小学校学習指導要領第1章総則」1998.
　http://www.mext.go.jp/a_menu/shotou/cs/1319941.htm，（参照：2017-04-28）
2）文部科学省「平成26年度学校図書館の現状に関する調査」2015.
　http://www.mext.go.jp/a_menu/shotou/dokusho/link/1358454.htm，（参照：2017-04-28）
3）堀川照代・平久江祐司・片岡則夫・河西由美子・中村百合子・根本彰『学校図書館の業務に関する調査研究——情報専門職養成に向けた図書館情報学教育体制の再構築に関する総合的研究』第25回日本図書館情報学会研究大会要項，2004, p.81-84.
4）日本学校図書館学会「管理職の方針に対する司書教諭の仕事状況」『平成22・23年度調査研究報告書　学校図書館の現状に関するアンケート調査』2012.
5）全国学校図書館協議会「利用指導の実態」『学校図書館』Vol.649, 2004, p.51.
6）全国学校図書館協議会「2008年度に実施した利用指導」『学校図書館』Vol.709, 2009, p.47.
7）山内祐平『学びの空間が大学を変える』ボイックス株式会社，2010, p.180-183.
8）大谷尚「4ステップコーディングによる質的データ分析手法SCATの提案——着手しやすく小規模データにも適用可能な理論化の手続き」『名古屋大学大学院教育発達科学研究科紀要（教育科学）』Vol.54,

No.2, 2008, p.27-44.

9) 大谷尚「SCAT: Steps for Coding and Theorization――明示的手続きで着手しやすく小規模データに適応可能な質的データ分析手法」『感性工学』Vol.10, No.3, 2011, p.155-160.

10) 塩谷京子・堀田龍也「図書館教育と情報教育を連携させたカリキュラムの開発と評価」日本教育情報学会論文誌『教育情報研究』Vol.23, No.3, 2007, p.27-38.

11) 塩谷京子・堀田龍也「小学生に情報活用スキルを習得させるためのガイドブックの開発と効果」日本教育情報学会論文誌『教育情報研究』Vol.24, No.4, 2008, p.15-26.

12) 塩谷京子・堀田龍也「児童生徒の情報活用スキルの習得と指導効果に関する検討」日本教育メディア学会論文誌『教育メディア研究』Vol.17, No.2, 2012, p.25-39.

13) 塩谷京子・堀田龍也・久保田賢一「初等教育における学校図書館の学習環境の改善――情報活用スキルを育成するための学習環境整備の要件」日本教育メディア学会論文誌『教育メディア研究』Vol.22, No.1, 2015, p.1-12.

第7章　中学校図書館を対象とした実践研究

庭井史絵（慶應義塾普通部）

1. 研究フィールドとしての中学校

1.1　図書館利用指導の実践から生まれた問題意識

　本稿では，筆者が，私立中学校で専任司書教諭として学校図書館業務に携わりながら，大学院博士課程で取り組んだ研究について記す。筆者は，公立小学校と私立中高等学校の図書館で司書として勤務したのち，大学院修士課程で図書館情報学を学び，同時に司書教諭資格を取得して現職に就いた。

　勤務校では，学校図書館を運営するだけではなく，一教員として，図書館や情報の利用法を教える授業を担当することになった。しかし，このような**学校図書館利用指導**（以下，利用指導）は，現行学習指導要領上，**特別活動**のなかの「学級活動」に位置付けられており，教科のように教えるべき内容を示した基準がなく，教科書も作成されていない。そのため，利用指導の**カリキュラム**を作成するにあたっては，どのような知識や技能を取り扱うかが課題であった。

　全国学校図書館協議会が作成した体系表や，学校図書館に関する文献の中で「利用指導の内容」とされている知識や技能は，探究学習に必要な能力である「**学び方**」の内容と軌を一にする。しかし，学習指導要領をみると，そのような知識や技能は，学校図書館では

写真1　協力して情報を整理・分析する

なく，教科の領域に位置づけられている。このことから，学校現場で利用指導を行う場合，教科の内容を踏まえながら，何をどのように指導するか考える必要がある。

ところが，探究学習に必要な知識や技能の指導に学校図書館が貢献できること，そのためには，教科教員と司書教諭の連携や協働が必要であるという提言や実践報告はいくつも見られるものの，両者がどのように役割分担すればよいかは明らかになっていなかった。

利用指導にせよ，読書指導にせよ，司書教諭が何をどのように教えるのか説得力のある指針が持てないのは，教科教育と利用指導の関係が整理されていないからではないか。そのような問題意識から，教科教員と司書教諭の**役割分担**について検討することを目的とし，本研究に取り組んだ。

1.2　中学校の特徴

中学校は，小学校と異なり，各教科をそれぞれ専門の教員が指導する（教科担当制）。総合的な学習の時間など，教科横断型の授業もあるが，基本的には，各教員が親学問に基づく専門性を有し，特

定の教科の内容をそれぞれの授業のなかで取り扱っている。

　教育課程における教員の役割が明確である一方，教科間のつながりを意識することが少なく，いつ，どのような指導が行われているかお互いに知らないことも多い。そのため，レポート作成などの発展的・総合的な課題を，生徒が必要な知識や技能を習得しているかどうか把握しないまま設定してしまうことがある。

　中学校の司書教諭や学校司書は，情報の探索と利用が求められる学習活動が行われる際，教科の内容を俯瞰して既習事項を確認した上で，不足している項目を補完したり，課題設定の仕方について教員に助言したりするなど，教科と教科をつなぐ役割が求められる。

1.3　私立学校図書館の特徴

　私立学校は，それぞれ独自の教育理念を有し，カリキュラムや教材も，学校ごと，教員ごとに創意工夫の余地が大きく一様ではない。

　学校図書館の規模，予算，位置づけ，活用の仕方も，それぞれの学校の性格や方針によって異なっている。専任の司書教諭，あるいは学校司書を配置している学校も多く，常勤・非常勤を含め複数の職員がいる場合もある。各々の業務内容は，学校図書館にどのような役割が期待されているかによって決まり，司書教諭か学校司書かではっきり区別されているわけではない。

　筆者は私立中学校での勤務が長く，教育職・事務職の違いを意識することなく図書館業務全般に携わってきた。そのため，司書教諭と学校司書の連携よりも，学校図書館を担う者と教員との連携に関心がある。そこで本研究では，司書教諭と学校司書を総称して「学校図書館員」という語を用いることとし，両者の職務の違いについては必要最低限の言及にとどめた。

2. 学校図書館利用指導とは

2.1 利用指導の定義

　学校図書館利用指導とは，**学校図書館法**第4条で"図書館資料の利用その他学校図書館の利用に関し，児童又は生徒に対し指導を行うこと"と定められている職務を指す。中心となって指導するのは，同法で"専門的職務を掌る"とされている司書教諭，並びに，"専ら学校図書館の職務に従事する職員"とされている学校司書である。

　2009年3月に，文部科学省初等中等教育局のもとに設置された子どもの読書サポーターズ会議がまとめた『**これからの学校図書館の活用の在り方等について（報告）**』は，学校図書館と授業との関わりについて，以下のように述べている。

> 　図書や新聞，インターネット等のデジタル情報など多様なメディアを提供して，資料の探し方・集め方・選び方や記録の取り方，比較検討，情報のまとめ方等を学ばせる授業の展開に寄与する。更に，司書教諭によるこれらメディアを活用した利用指導等の取組を通じ，**情報活用能力**を高めるための授業を自ら企画・実施する[1]

　また，『**これからの学校図書館担当職員に求められる役割・職務及びその資質能力の向上方策等について（報告）**』は，学校司書の職務の1つに「教育的指導に関する職務」を挙げ，"図書館資料や検索ワードの選択に関する助言"，"目次・索引等の利用方法に関する説明"，"オンライン・データベース，情報源の検索方法等の助言"，"情報検索，情報の収集・記録・編集のアドバイス"，"辞書の引き

第 7 章　中学校図書館を対象とした実践研究　117

方，目次・索引の利用法，日本十進分類法（NDC）等の図書館資
料の活用の仕方についての説明"といった項目を例示している [2]。

　このことから，本研究では，学校図書館利用指導を，司書教諭か
学校司書かに関わらず実施すべき職務として捉えている。

2.2　利用指導の内容と方法

　一方，利用指導の全体像を把握するのは容易ではない。前述した
ように，学校図書館における利用指導は，学習指導要領上「特別活
動」の 1 つに位置づけられており，その内容については"様々な情
報が得られる場としての学校図書館の意義や役割に気付き，積極的
に活用する態度を養うこと"と説明されているにすぎない [3]。

　利用指導の内容と方法は，戦後，文部省の手びきや，全国学校図
書館協議会が作成した体系表によって示されてきた。しかし，前者が
1983 年の『小学校，中学校における学校図書館の利用と指導』[4]，後
者が 2004 年の「情報・メディアを活用する学び方の指導体系表」[5]
以降，改訂されていない。

2.3　利用指導の実施状況

　全国学校図書館協議会が 2009 年に行った調査によると，図 1 に
示すように，半数以上の中学校で実施されている利用指導は，「図
書館の役割」「図書・資料の探し方」の 2 項目にとどまっている [6]。

　また，山口真也による沖縄県の公立小・中学校の司書を対象とし
た質問紙調査によると，学校司書は調べ学習において，「資料提供」
や，フロアワークによる「テーマの決定」と「情報収集」の支援を
行っているが，情報の取捨選択や整理，分析，まとめといった学習
活動への指導・支援はあまり行っていない [7]。

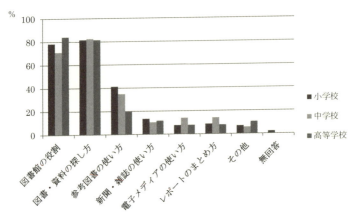

図1　2008年度に実施された利用指導の項目

　このように利用指導は，学校図書館法で定められた職務の1つであり，今日の学校教育で求められる知識や技能を含んだものであるにも関わらず，十分な実践が行われているとは言えない。

　その原因として，司書教諭や学校司書の配置状況，両者の職務内容に対する管理職及び教職員の認識不足，情報の探索と利用の仕方の指導を必要としない教育など，さまざまな要素が考えられるが，利用指導がどのような内容を取り扱い，教科教育をどのように補完するのか，学校図書館員がどのような教育的役割を担っているのかが明確になっていないことも理由の1つであると考えられる。

　そこで，学校図書館員と教員の役割分担に着目して利用指導のあり方を考えることとし，研究の手法として**文献調査，アンケート調査，インタビュー調査**を選んだ。

3. 学校図書館利用指導で取り扱われている知識と技能 （文献調査）

まず，利用指導の内容を把握することを目的として，どのような知識や技能が含まれているかを整理するための調査を行った。ここでは，教育設計の手法であるインストラクショナル・デザイン（ID）で用いられる課題分析と，利用指導関連の文献調査の2つを取り上げる。

3.1　課題分析

学校図書館では，「図書館で必要な本や資料を選ぶ」ための指導が行われることがある。この時，生徒が図書館で必要な本を選べるようになるため，学校図書館員は具体的に何を教えているのだろうか。これを明らかにするために，教育設計の手法である「**課題分析**」を行った。

課題分析は，授業を設計する際に"対象目標（target objective）を構成する，より単純な技能を明らかにすること"[8]を目的として行われる。具体的には，「学習者がこの技能を学ぶために獲得しなければならない，より単純な技能は何か？」という問いをトップダウン式に繰り返すことによって，下位目標（enabling objective）と，前提条件となる技能を特定していく。

例えば「図書館で必要な本や資料を選ぶことができる」という対象目標を達成するためには，

・探したい本の書名や著者名やテーマを，適切な言葉（**キーワード**）で表現できる。

写真2 図書館で必要な本を選ぶ

・館内案内図や書架見出しから探したい本の場所を推定し，書架をざっと見て探すことができる。
・OPACなど**目録**を使って検索できる。
・**請求記号**と配架場所を知り，館内案内図を見て書架に行き，背ラベルを見ながら探すことができる。
・図書館員に質問することができる。

という下位目標を達成することが必要である。これらの項目間の関係を表したものが，図2に示す**課題分析図**である。

課題分析図を作成すると，最終的な**学習目標**を達成するために，段階的に何を教えるべきか，生徒にどのような予備知識がなければならないかが分かり，利用指導の内容を可視化することができる。

本研究では，課題分析の作業を，校種や経験年数の異なる複数の司書教諭や学校司書と一緒に行った。利用指導で取り上げられるさまざまな項目を対象とした課題分析図を作成することによって，利用指導に含まれる知識や技能を整理することができた。

第 7 章　中学校図書館を対象とした実践研究　121

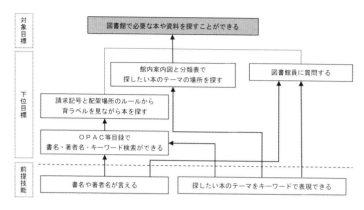

図 2　「図書館で必要な本や資料を選ぶ」ための課題分析図

3.2　学校図書館関連資料の分析

2.2 で述べたように，文部省の手引きや全国学校図書館協議会の利用指導体系表は，近年の学習指導要領改訂や情報環境の変化に合わせた改訂が行われていない。そこで，学校図書館関係の資料ではどのような知識や技能が，利用指導の内容として捉えられているかを検討することとした[9]。

まず，国立国会図書館サーチを使い，A：司書教諭講習の科目に準拠したテキストブック，B：利用指導に関する記述のある図書，C：学校図書館の実践を紹介している図書，をすべてリストアップした。これら 1 冊ずつの内容を確認し，既存の体系表を引用しているだけのものや，教科による学校図書館活用の事例やアイディア紹介のみで，必要な知識や技能の指導について触れられていないものを除き，分析対象となる 73 冊を選択した。

次に，課題分析の結果を参照しながら，選択した 73 冊の本文から利用指導の内容が分かる記述を抽出し，知識や技能を示すキーワ

ードをそれぞれに付与した上で，生徒の学習活動ごとにまとめた。

　この作業で生成した学習活動は「119項目」であった。また，これらの学習活動を利用指導の内容ごとにまとめ，**上位概念**として「25カテゴリー」を作成した。例えば表1のように，「04図書館での資料の探し方」というカテゴリーには，「適切な目録を選択する」「カード目録を使って資料を探す」「コンピュータ目録を使って資料を探す」「文献リストを使って資料を探す」「自館にはない資料を探す」「雑誌記事を探す」「新聞記事を探す」という指導項目が含まれ，それぞれ必要な知識や技能がある。

表1　生成したカテゴリーと項目の例

04	図書館での資料の探し方	04-01	適切な目録を選択する
		04-02	カード目録を使って資料を探す
		04-03	コンピュータ目録を使って資料を探す
		04-04	書架を見ながら資料を探す
		04-05	文献リストを使って資料を探す
		04-06	自館にない資料を探す
		04-07	雑誌記事を探す
		04-08	新聞記事を探す

　この結果を「利用指導の内容一覧」としてまとめ，以降の研究の枠組みとして用いた。

4. 教科で取り扱われている知識と技能（文献調査）

　教科と学校図書館の役割分担について検討するには，教科で取り扱われている知識や技能を把握し，利用指導の内容と比較する必要がある。そこで，**教科書**と**教師用指導書**を用いた文献調査を行った[10) 11)]。

4.1 教科書分析

　教科書分析では，2008 年の指導要領改訂に準じた検定済み教科書のうち，小学校 5-6 年生の国語・社会・理科，中学校 1-3 年生の国語・社会（地理・歴史・公民）・理科・数学・技術家庭科の各教科から，国語は全出版社のものを，その他の教科は，公立学校における**採択率**が 10% 以上あるものを対象とした。

　これらの教科書の表紙・標題紙・目次・前文・附録・奥付を除く本文から，「25 カテゴリー 119 項目」に該当する記述を抽出した。66 冊の教科書を対象に同定作業を行った結果，1,345 ヵ所から，利用指導に関連する記述を抽出することができた。

　次に，教科書に掲載された内容と，利用指導の内容を比較し，教科による指導の特徴を明らかにした。

　例えば，「04 図書館での資料の探し方」に対応する記述は全部で 29 ヵ所あり，主に**日本十進分類法（NDC）**や請求記号の仕組みなど，図書館利用の基本的な内容が取り上げられていた。ただし，本を中心とした印刷メディアの利用に重点が置かれ，本以外のさまざまなメディアの利用や探し方の案内はなかった。

　分析の結果，小中学校で使う検定教科書には，利用指導で取り上げる項目が幅広く掲載されていることが分かった。その理由の 1 つに，教科による「学び方」指導の重要性が学習指導要領で指摘されたことが挙げられる。学校図書館員が取り組んできた指導項目の多くが，この「学び方」と重複している。一方，教科が行う「学び方」指導の内容や方法を検討すると，利用指導との共通点だけではなく相違点も明らかになった。

4.2 教師用指導書の分析

　教科書には情報の利用を想定した生徒の学習活動のみ示されているため，教科書分析だけでは，どのような知識や技能が扱われているかを明らかにすることはできなかった。そこで，教科教員による指導の内容や方法をより具体的に捉えるため，中学校に絞って，教科書会社が発行する教師用指導書（以下，指導書）の記述を分析することにした。

　まず，指導書の中から，利用指導の対象となる119の学習活動に相当する箇所を特定し，教科教員による指導の内容や方法が分かる記述を抽出した。

　次に，それぞれを解釈して，指導しようとする知識・技能を表すキーワードを付与し，それらを利用指導の内容に沿って分類した。尚，**保健体育科**の指導書からは，利用指導と同じ内容を示す記述を見出せなかったため，以下の分析は，**国語科，社会科，理科，技術・家庭科**に限定して行っている。

　最後に，119の学習活動ごとに，各教科で取り扱われている知識・技能と，利用指導で取り扱う知識・技能とを比較し，利用指導だけに見られるもの，教科でも指導されているものに分けた。

　このように，教科に分散している「情報の探索と利用の指導」の内容を集約し，利用指導の内容と比較してみると，教科での指導以下の3つに分類されることが分かった。

①利用指導で取り上げる知識・技能が，教科でも同じように取り
　上げられている
②利用指導の内容の一部が，教科でも指導されている
③利用指導で取り上げる知識・技能が，教科では扱われていない

4.3 仮説の形成

 学校図書館と教科による「情報の探索と利用の指導」を比較した結果を踏まえ，両者の役割分担を前提とする利用指導のかたちを，図3の「学校図書館利用指導における役割分担の構造」として示した。

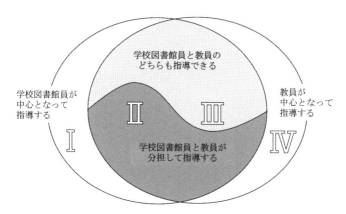

図3　学校図書館利用指導における役割分担の構造

 学校図書館員と教員は，それぞれの専門知識に基づいて指導できる領域を有する。図3では，学校図書館の専門領域をⅠ，教科の専門領域をⅣと表し，前者は教科が扱わない図書館独自の利用指導を，後者は教科の内容に含まれる指導を表している。

 一方，学校図書館と教科が，共通の項目を指導している領域がある。モデルでⅡと表した「分担して指導する」領域では，学校図書館と教科が同じ項目を異なるアプローチで指導することでお互いを補完し，Ⅲと表した「どちらも指導できる」領域では，両者が同じように指導することができ，一緒に指導しても，どちらかが指導してもよいことを表している。

5. 学校図書館員と教科教員による協働（インタビュー調査）

文献調査の結果から導き出した「役割分担の構造」は、情報の探索と利用の指導における学校図書館員と教員の役割分担のかたちを示している。このような文献上の役割分担が、現場における両者の関係を表し、利用指導の内容や方法を説明することできるかどうかを検証するため、学校図書館員と教員が協力して指導にあたっている20の事例を対象とした**半構造化インタビュー**を実施した。

写真 3-1　司書教諭へのインタビュー　　写真 3-2　授業の流れを確認

5.1　学校図書館員と教員の役割分担の構造

まず、学校図書館員と教員それぞれから得たインタビューデータを用いて、両者がどのように指導上の役割を分担していたか、お互いにどのような役割を相手に期待していたか、背景や意図を含めて分析した。

学校図書館員と教員が、指導の有無について言及した977ヵ所に対する**コード化・カテゴリー化**の作業を行った結果、「学校図書館利用指導の内容」（25カテゴリー119項目）のうち23カテゴリーが取り上げられていることが分かった。しかし、学校図書館員が実

際に教えているのは，利用指導の内容とされている項目の一部にすぎなかった。

そこで，学校図書館員の指導項目が限定的であった理由を，インタビューイーの発言を踏まえて考察し，時間的物理的な制約，図書館利用指導に対する教員の認識不足，学校図書館専門職の制度的問題，という 3 つの課題を見出した。

5.2　役割分担が形成されるプロセス

次に，司書教諭や学校司書が，教員との役割分担を形成するプロセスを明らかにすることを目的とし，インタビューデータを，修正版グラウンデッド・セオリー・アプローチ（M-GTA）を用いて分析した[12]。M-GTA は，従来のグラウンデッド・セオリー・アプローチと異なり，データの切片化によって文脈性を破壊するのではなく，文脈も含めて解釈・意味づけを行う。そのため，人と人との相互関係に伴う変化やうごきを，背景や要因も含めて説明する理論を導き出すことに優れた研究法とされている[13]。分析の結果，図 4 のように，役割分担に影響を与える要因と，役割分担が形成されるプロセスを示すことができた。

司書教諭や学校司書は，教員からの依頼で授業に参加する際，まず《自分の役割探し》を行い，その後，生徒の様子を見て《指導必要性の認識》を持ったり，図書館と教科の《指導領域の線引き》をしたりする。また，《授業を支援する自信》と《立ち位置に対する迷い》の両方を持っており，その気持ちの強さが，《教員との関係構築》に影響を与えている。教員との相互作用の結果，《自分なりの授業への関わり方》を見出し，役割分担が形成されていく。

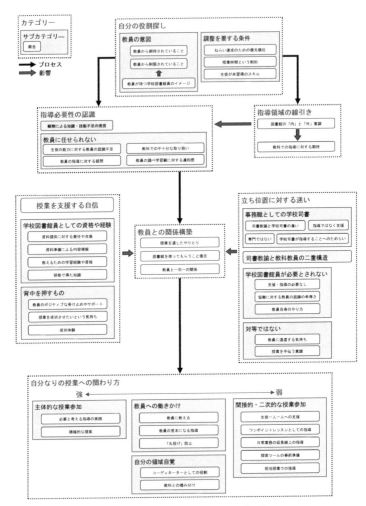

図 4 学校図書館員が教員と役割を分担していくプロセス

6. 結論とまとめ

6.1 仮説の検証

インタビュー調査の結果を踏まえて，文献調査から形成した**仮説**「役割分担の構造」を図5のように修正した。

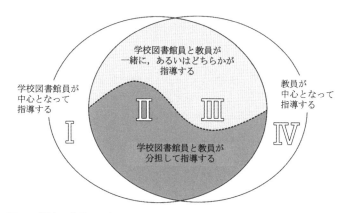

図5 学校図書館利用指導における協働の構造

修正版では，ⅡとⅢの境界線を実践ではなく点線で表し，Ⅲのラベルを「学校図書館員と教員が一緒に，あるいはどちらかが指導する」とすることによって，学校図書館員と教員の役割が状況に応じて変化することを示した。Ⅱの「分担して指導する」領域は，教員と学校図書館員が協力し，お互いを補完して指導に当たることを説明している。Ⅲの「一緒に，あるいはどちらかが指導する」領域は，学校図書館員と教員のどちらが指導してもよいことを表す一方で，教員の状況によっては，学校図書館員が指導を担う，あるいは教員に任せることもできるということを表している。

130

　「学校図書館利用指導における協働の構造」は，**教育課程**における「情報の探索と利用の指導」に「学校図書館利用指導」を位置づけ，学校図書館員が果たす役割をよりよく説明することができる。

　まず，学校図書館員は，教科の内容に含まれていない項目を指導することができる（領域Ⅰ）。また，教科とは異なる知識や技能を取り扱い，教員の指導を補完することができる（領域Ⅱ）。さらに，教員と一緒に指導することも，状況に応じて教員に代わって指導することもできる（領域Ⅲ）。一方，学び方の指導や情報活用能力の育成が教育課程に組み込まれることによって，「情報の探索と利用の指導」は学校図書館員だけの専門領域ではなく，教員もそれぞれの教科に応じて指導にあたることが求められる（領域Ⅳあるいは領域Ⅱの一部）。

　学校図書館員が，指導上の役割を柔軟に変化させることによって，どの教科でも，情報の探索と利用のプロセスを組み込んだ授業が可能になるのである。

6.2　本研究の意義と課題

　本研究では，従来より利用指導の内容として考えられてきた項目を，教科の内容を踏まえて見直し，学校図書館員と教科教員が協力して指導にあたる「学校図書館利用指導における協働の構造」を提示した。

　「利用指導における協働の構造」で示したのは，利用指導を，教育課程における情報の探索と利用に関する指導の1つと捉え，学校図書館員と教員がそれぞれの専門領域をゆるやかに交差させながら，生徒が必要とする知識や技能を協力して教える，というかたちである。情報の探索と利用の過程で必要な知識や技能は，「学び方」や

「ものの考え方」「情報活用能力」として各教科の内容に含まれているが，教科では指導が難しい項目もあり，学校図書館員が利用指導を行うことによって，より包括的な教育が可能になる。

　尚，筆者が行った研究は，中学校の図書館における利用指導の実践から生まれた問題意識を出発点としているが，自分が勤めている学校図書館を研究のフィールドとして使っていない。すなわち，本研究は厳密には「**アクションリサーチ**」とは言えないが，今後，学校図書館員と教科教員の協働モデルが，学校現場で適応可能なのか，またこのような連携が効果的な利用指導を生み出すのか，自らの実践も含め，実証的に研究していく必要がある。

参照文献
1）子ども読書サポーターズ会議「これからの学校図書館の活用の在り方等について（報告）」文部科学省，2009-03.
　http://www.mext.go.jp/a_menu/shotou/dokusho/meeting/__icsFiles/afieldfile/2009/05/08/1236373_1.pdf
2）学校図書館担当職員の役割及びその資質の向上に関する調査研究協力者会議「これからの学校図書館担当職員に求められる役割・職務及びその資質能力の向上方策等について（報告）」文部科学省，2014-03.
　http://www.mext.go.jp/component/b_menu/shingi/toushin/__icsFiles/afieldfile/2014/04/01/1346119_2.pdf,
3）文部科学省「中学校学習指導要領解説 特別活動編」文部科学省，2008-07.
　http://www.mext.go.jp/component/a_menu/education/micro_detail/__icsFiles/afieldfile/2011/01/05/1234912_014.pdf,
4）文部省『小学校，中学校における学校図書館の利用と指導』文部省，1983 年.
5）全国学校図書館協議会，『情報を学習につなぐ：情報・メディアを活用する学び方の指導体系表解説』全国学校図書館協議会，2004.
6）全国 SLA 研究調査部「特集 '09 子どもの読書と学校図書館の現状.

2009 年度学校図書館調査報告」『学校図書館』no.709, 2009, p.14.

7) 山口真也「調べ学習における学校図書館担当者の支援・指導状況に関する調査　沖縄県内の小中学校司書を対象とするアンケート調査から」『沖縄国際大学日本語日本文学研究』vol.15, no.1, 2010, p.37-64.

8) R・M・ガニェ，W・W・ウェイジャー他『インストラクショナルデザインの原理』北大路書房，2007, p.462, 引用は p.183.

9) 庭井史絵「「学校図書館利用指導」で取り扱われる知識と技能」『現代の図書館』vol.53, no.4, 2015, p.175-183.

10) 庭井史絵「教科教育のなかで行われる「図書館利用指導」の状況：教科書の記述を手がかりとした分析」『教育情報研究』vol.29, no.3-4, 2014, p.3-14.

11) 庭井史絵「教科による情報活用能力育成と「図書館利用指導」の比較：教師用教科指導書の記述を手がかりとした分析」『教育情報研究』vol.32, no.2, 2016, p.13-24.

12) 庭井史絵「学校図書館員と教科教員による指導上の役割分担形成プロセス：学校図書館を利用した授業における協働の分析」『日本図書館情報学会誌』vol.63, no.2, 2017, p.90-108.

13) 木下康仁『グラウンデッド・セオリー・アプローチの実践——質的研究への誘い』弘文堂，2003, p.257.

第8章　高等学校図書館を対象とした
　　　実践研究

松田ユリ子（神奈川県立田奈高等学校）

1.　はじめに

1.1　学校図書館に関わる高等学校の特徴

　学校図書館に関わって，高等学校の特徴を簡単に整理しておく。

　日本の高等学校の教育課程は，教育内容に応じて普通科・専門学科・総合学科に分けられ，授業の実施時間や方法によって全日制・定時制・通信制に分けられる。また，教育課程の区分を学年ごとに編成する学年制と，学年によらない単位制とに分けられる。さらに，特別支援学校高等部や複数の形式の中高一貫学校がある。つまり，高等学校は義務制とは違い，設置者が同一でも教育課程が多様であることに特徴があり，学校図書館にも，それぞれの教育課程に応じた活動が求められる。

　また，1950 年代後半から 60 年代後半にかけての早い時期から，専任の「学校司書」を公費で配置してきた自治体が，義務制に比較して多いことも高等学校の特徴であり [1]，そうした自治体の学校図書館では，教育活動の計画，実行，評価の中心的な担い手が，授業軽減もなく単年度発令の司書教諭ではなく，ノウハウの蓄積と継承が機能している専任専門の学校司書である場合も少なくない。

　筆者自身，神奈川県に 1983 年「司書 A」の枠で採用され，多様

な教育課程の5校に平均して約7年ずつ，専任の学校司書として勤務してきた。その中で生まれた「学校図書館における生徒の学びとはどのようなものか」という問題意識から，公立高等学校の学校図書館をフィールドとして研究をすすめている。

1.2　本稿で紹介する研究の位置付け

　ここで紹介する研究は，2002年3月に横浜国立大学大学院教育学研究科に提出した，筆者の修士論文を再構成したものである[2]。正直なところ，データの古さに紹介が大変躊躇われた。しかし，日本の学校図書館に関わる研究において，2017年現在でも**参与観察**や**会話分析**を用いた研究はわずかである[3]。また，「**メディア・リテラシー**」に関わるテーマは，フェイクニュースの跋扈を見るまでもなく，当時存在しなかったスマホやSNSが当たり前のメディアとなった現在，ますます議論を要とするものとなっているように思われる。以上のことから，この拙研究を事例として紹介することとした。

2.　研究の目的

　メディア・リテラシーをいかに教育していくべきかという議論は，1990年前後から日本でも盛んに行われるようになってきた[4]。学校教育の分野では，2000年頃から，主に国語科や社会科，情報科などで実践が行われてきた[5] [6]。学校図書館に関わっては，近接概念である「**情報リテラシー**」あるいは「**情報活用能力**」をいかに付けさせるかという視点を中心に，実践や研究が進められている[7]。

　「メディア・リテラシー」の定義は多様であるが，「メディア」を

広く捉え，保護主義的な観点に寄らないことから，ここでは，"人間がメディアに媒介された情報を，送り手によって構成されたものとして批判的に受容し解釈すると同時に，自らの思想や意見，感じていることなどをメディアによって構成的に表現し，コミュニケーションの回路を生み出していくという複合的な能力"[8] を用いる。水越は，メディア・リテラシーを日本の学校教育において教えることが困難な理由の1つとして，学校という制度自体が，大衆文化を教室に持ち込むことや，メディアを批判的に検討することを排除する傾向を持つことを挙げている[9]。この指摘は，メディア・リテラシーを学校教育においていかに展開できるのかという問いに答える手がかりを与えてくれる。日本の高等学校の教育課程は，「教科」と「教科以外の教育活動」の領域によって構成されている。教科で教える他に，教科以外の教育活動においても，メディア・リテラシー教育の可能性があるはずである。そこで，メディア・リテラシー教育を学校でどのように展開できるかを考えるために，まずは，両領域に関わる教育活動が日々行われている学校図書館を対象に，メディア・リテラシーに関わる活動がどのように行われているかを探索的にとらえ明らかにすることを目的として，研究を行った。

3. 研究の方法

3.1 フィールドの概要

調査は，首都圏近郊に位置する公立A高校の学校図書館で行った。同校は1980年代後半創立，1学年240名6クラス規模の全日制普通科高校である。学力的には中位に位置し，英語教育や国際理解教育を特色としている。

学校図書館は，生徒や教職員の主要な動線からは外れているものの，校舎の1階，生徒昇降口からすぐの便利な場所に位置している。専任の学校司書が常駐し，原則として朝から放課後まで開館している。県内公立高校では比較的早い2001年度よりインターネット環境を充実させるなど，生徒にとって魅力的なメディアを揃え，気軽に立ち寄れる雰囲気があり，生徒および教職員の利用率は高い。特に昼休みは60席が埋まり，その他にも床に座ったり，立ったり，出たり入ったりという生徒で活気があり，司書室にも閲覧室と地続きで満遍なく人が居る（図1, 2）。図書委員会活動も盛んで，昼休みや放課後に，生徒が企画した様々なイベントが行われる場所ともなっている。教育課程に即した資料，利用者のニーズに合致する最新の資料が，バランス良く約2万冊の蔵書を構成している。調査を実施した2002年度は「総合的な学習の時間」試行の年であり，学校図書館の資料を活用した授業は，年間約150時間程であった。

図1　A高校図書館入り口　　図2　A高校図書館昼休みの様子

3.2　データの収集

データの収集は，2002年5月から10月にかけて，学校図書館に来館した生徒を対象に，次のように行った。

第 8 章　高等学校図書館を対象とした実践研究　137

1) 開館時から昼休み終了時までの, 授業時間中を除く開館時間の参与観察を行い, 可能な範囲でメモを取った。
2) 観察中は, 司書が身につけたレコーダーで生徒と司書の会話を録音した。生徒との会話を録音するにあたっては, 倫理的に細心の注意を払うよう心がけた。レコーダーを生徒が一目で認識できるように身につけ, 研究のための録音をしていることを了承した場合にのみ録音した。
3) 観察からは読み取れない情報を得るために, 折に触れて**インフォーマル・インタビュー**を行い, 可能な範囲でメモを取った。
4) 終業後に**フィールドノート**を作成し, 可能な限り網羅的に記録した。

　参与観察は, フィールドの日常的な営みや実態を調査することに適した方法である [10]。インタビューでは得られない, 当人が意識せずにとっている行動のデータが得られるというメリットがある。ただし, 現場に溶け込めるかどうかが研究の成否を決める第一関門になる。この, 現場に溶け込むための努力が要らないという点において, インサイダーとして始めから現場に居ることが当然という立場は, 調査に有利に働いた。しかし, インサイダーとして調査するプロセスでは, むしろ困難な部分の方が多かった。調査者自身が当該校の司書であったことで, 勤務時間中は思うようにメモがとれないという問題点があった。そこで, 会話を録音して補うことにしたものの, 調査を職務に優先させるわけにはいかず, 当初考えていた終日録音を断念する結果となった。午後は選択科目の授業があり, 放課の生徒, 授業中の生徒それぞれへの対応がひっきりなしに起こり, 即応即断で個別の問題解決に当たるだけで精一杯であった。放

課後は，図書館での生徒への対応に加えて，清掃監督，委員会指導，会議などの校務にも当たらなければならない。そのような中で，調査者としてふるまうのは困難と判断したためである。

　最終的に，1807分の録音データを収集し，24日分のフィールドノートを作成した。

3.3　データの分析

　分析は，データ収集を進めながら次のような手順で行った。

1) 録音データを**トランスクリプト**に書き起こし，フィールドノートと共に，オープンコーディングを行った。
2) 1) を練り直しながら，トランスクリプトとフィールドノートからカテゴリーを抽出した。
3) 1) 2) の作業を繰り返す中から見出されてきた「メディアの批評」というカテゴリーを使ってデータを見直し，さらに，このカテゴリーを意識してデータを収集した。
4) 学校図書館の**制度的な特徴**を検討するために，会話データの分析を行った。
5) 3) 4) の作業と並行して「メディア・リテラシー」と「批評」に関わる文献調査を進め，カテゴリーの性質や関係を分析した。

　観察を始める前に，あらかじめメディア・リテラシーに関わる活動についてキーワードを確定してしまわないよう心がけた。できる限り網羅的にデータ収集をするようにしたのはそのためで，あくまでも，得られたデータから浮かび上がってくるキーワードを様々な概念を使って検討しながら，カテゴリーをつくった[11]。

第 8 章　高等学校図書館を対象とした実践研究　139

4.　研究の結果と考察

4.1　学校図書館におけるメディアの批評

　学校図書館における司書と生徒，あるいは生徒と生徒のやり取りには，「メディアの批評」と呼べるような活動が頻繁に見られた。ここで言う「メディアの批評」とは，メディアを通したメッセージあるいはそのメディアそのものに対する，受け手のある価値判断のことである。このメディアの批評は，「無意図的な批評」と「意図的な批評」に大別された。

4.2　無意図的な批評

　「無意図的な批評」は，あるメディアについて，受け手がそれと意図せずに価値判断を行い，第三者がそこになんらかの価値判断をみとることで意味づけられる。

　　【データ 1】［L：司書，A，B：2 年女子生徒で，同じクラスの
　　友人どうし。トランスクリプト記号は表 1 を参照のこと [12]。］
　　1A：ねえねえ，B がさ，さっき返したさぁ本さぁ，なんだっ
　　　　け「好きになってはいけない」さあ本あるじゃん。
　　2B：うん。
　　3A：あれさ，読みたい↑
　　4B：そこ。
　　5A：あ，借りていいの？
　　6B：うん。<u>ししょさーん</u>。
　　7A：なんかおもしろそうだな！　おもしろかった？
　　8B：うん。韓国の - ＝

表1 トランスクリプト記号の意味

＝	ことばとことばのあいだ，もしくは行末と行頭におかれる等号：途切れなくことばもしくは発話がつながっていることを示す。
（　　）	丸括弧：なにかことばが発せられているが，聞き取り不可能であることを示す。
-	ハイフン：直前のことばが不完全なまま途切れていることを示す。
？	疑問符：語尾の音が上がっていることを示す。
。	句点：語尾の音が下がって区切りがついたことを示す。
↑	上向き矢印：音調が極端に上がっていることを示す。
＿＿＿	下線：当該箇所の音が大きいことを示す。
《　》	二重括弧：そのつど必要な注記であることを示す。

9A：＝あむろ？

10B：あむろ？ってかあむろいっぱい出てきたけど＝

11A：＝<u>ほんとにぃ？</u>　<u>いいかな借りて</u>。<u>だめかな</u>。

12B：これもう -

13L：＝おはよう＝

14A：＝おはようございまぁす。

15B：借りてもいいですかって。

16L：あ，いいですよ↑

　Aは，「あむろ」（安室奈美恵）と友人Bが読んでいた本を結び付け，この本に対する何らかの価値判断をした結果，図書館で初めて本を借りたと思われる。Aのハイトーンの「読みたい」（3A）や，大声で強調された「いいかな借りて」（11A）という発言から，Aのその本に対するなんらかの価値判断が示唆される。「なんかおもしろそうだな！」（7A）の発言がその価値判断を裏付けているものの，Aは未だメディアの批評を意図的に言語化してはいない。一連

の行動から，Aのメディアの批評と意味づけられるに過ぎない。このように，あるメディアについて，受け手がそれと意図せず価値判断を行い，第三者がそこになんらかの価値判断をみとることで意味づけられるメディアの批評を「無意図的な批評」と呼ぶ。

　無意図的な批評は，メディアを「手に取る」，「読む」，「借りる」などの行動や，「読みたい」や「借りたい」という発言で示されるが，それらは，その価値判断を第三者が意味付ける契機に過ぎない。重要なのは，生徒が，なんらかの価値判断をしている特定のメディアと，学校図書館で関わっているという事実なのである。

4.3　連なる無意図的な批評

　特定のメディアについて誰かが発言することによって，その場にそのメディアについての価値判断の顕在化が起こること，つまり無意図的な批評が，他の無意図的な批評につらなる場合があることが分かった。

　　【データ2】［L：司書，C，D，E，F，G：3年女子生徒。C，Dは机に並んで座り，図書選定リストをめくっている。E，F，Gはコピー機を使っている。司書はコピー機と机を90度に結ぶ位置に立っている。］
　　1C：東京ディズニーランド？　ぎゃー読みたい↑
　　2D：いっぱい書いてある…すごいな…。
　　3L：それ，最近買った本なの。
　　4C：へぇー　『田中牛乳』。
　　5C：これに書いてあるのってさ，あれだよね？　あのさ，
　　　ニルヴァーナのさ，（　　）だよね。

6L：えっとそれ輸入…輸入版だったと思う。

7D：文庫もいっぱいある…。

8E：『田中牛乳』↑

9F：『田中牛乳』↑見たい↑

10G：見たい↑

11L：それね，あのね＝

12C：＝「グレープヴァイン」のね＝

13L：＝あっ↑そうそうそう↑よく知ってるね↑なにげによく
　　　知ってるよね↑

14C：まかして↑

　C，DとE，F，Gは違うグループとして偶然そこに居合わせた
だけである。だが，Cが「へぇー『田中牛乳』。」(4C) と発言した
ことで，この本が図書館に入るという情報が，E，F，Gと共有さ
れることとなった。また，E，F，Gが，あらかじめ持っていた『田
中牛乳』という本，さらには「グレープヴァイン」というバンドに
対する価値判断を，顕在化させることともなった。このように，無
意図的な批評が他の無意図的な批評に連なる契機となることが分か
った。

4.4　意図的な批評

　「意図的な批評」は，あるメディアについての価値判断が，意図
的に言語化される。多くの場合，何故，どのように，その価値判断
を行ったかも示される。

　【データ3】[L：司書，H：3年女子生徒で，図書委員会の仕事

のついでに本を返しに来た。]

1L：あ，ご苦労様　↑

2H：これおもしろかった＝

3L：＝でしょう↑

4H：なんか考えちゃう＝

5L：＝でしょ↑ね，すごく深い…深いって言葉もあれだけど，

6H：電車でこやって《本を開いて表紙をこちらに向ける》読んでんの↑

　ここでは，まず H が，借りて読んだ本に対する価値判断「おもしろかった」（2H）を自発的に述べている。続けて，「なんか考えちゃう。」（4H）と，どのようにおもしろかったのかが付け加えられる。さらに，「電車でこやって読んでんの↑」（6H）と，「まじめな本」（インタビューにおける H による表現）の表紙をさらしながら，電車で人目も気にせず読みふけってしまったことを語っている。このように，あるメディアについての価値判断が意図的に言語化されているメディアの批評を，「意図的な批評」と呼ぶことにする。

　学校図書館で起こる意図的な批評の対象となるメディアは，本に限らない。新着雑誌の表紙の写真，楽譜，CD，映画，新着図書リストや学校図書館そのものも，対象となっていた。

4.5　意図的な批評と批評の共有化

　意図的な批評は，共有されることが観察された。

　【データ4】[I：2年女子生徒，L：司書。]

33I：『中田語録』も借りてっちゃう。

34L：あ，うん。今読むといいかもしれないね！

35I：うん。

　仮にIが「『中田語録』を借ります。」と言って借りるだけであれば，Iの「無意図的な批評」を見て取るにとどまっていた。だが，「『中田語録』も借りてっちゃう。」(33I) には，Iの「旬を過ぎたベストセラーを今ごろ読むことの言い訳」のようなものが込められており，この発言から「うん。」(35I) までは，Iと司書が「内容的に借りることは少し恥ずかしい本だが，ワールドカップという文脈で読み直してみるとおもしろそうだ。」という，相互行為を通して達成した意図的な批評になっている。

　このように，一旦意図的な批評がおこると，批評の共有化が起こり，さらなる意図的な批評を生むことが観察された。「批評の共有化」とは，あるメディアに対して，受け手それぞれの多様な価値判断を，相互行為を通して共有することを指す。批評の共有化は，同意に限らず，異なる意見の表明によっても起こっていた。

4.6　メディアの批評と司書

　教室の授業場面における会話は，圧倒的に“おとな”が“メッセージの所有者で発信者で評価者”[13] であり，“制度的なやりとりの中で生じる非対称性”[14] が，教室の会話を特徴付ける枠組みとなっている。一方，学校図書館の教科以外の活動場面における生徒と司書のやりとりの成り立ち方は，非対称的ではなく，日常会話に見られるようなインフォーマルなものだった。

　ただし，日常会話とは異なる一定の制度的特徴が見られた。1つは，司書が，基本的に個々の生徒が求める情報やメディアの提供を

志向していることである。そのため司書は，生徒の求める情報を把握するために彼らの無意図的な批評をモニターし，意図的な批評を引き出すために，会話のイニシアティブも生徒が取ることをむしろ奨励していた。もう1つは，個々のやりとりに収まらない助け合いが起こることである。この助け合いは，友人関係などを前提としないメンバーと司書の間で，司書がその時々の，生徒が求める情報やメディアの提供を志向する過程で起こる。そのため司書は，日常的に蓄積している生徒や教師に関わる知識を用いていた。助け合い場面の例を，以下に示す。

【データ5】[J：バンドスコアの棚を見ている2年女子生徒，L：司書，K：「BABYBOO」というアカペラグループのファンで，その動向に詳しい3年男子生徒。]

1J：《誰にともなく》BABYBOO の楽譜ないかなぁ？

2L：《K に向かって》ないよね，BABYBOO の楽譜。

3K：あるよ。

4L：うそー。買ったほうがいいよね。

5K：あんね，いろんなね，こないだいろいろ見てて，いろんなやつがはいってるんだけど，あった。

6L：あ，ほんと？　じゃ最近のベストみたいなかんじ？

7K：なんかね。

8L：あ，それはね聞きたいな。

9K：（　　　　）とかいろいろ入ってるよ。

10L：え，バンドスコア？　どういうの？

11K：1,500円でね，きまる？　さく？　なんかね，最後は「アカペラバンド篇1」とか書いてあったんだ。

12L：あ，なるほど。これは，どこで，みましたぁか？

13K：あーうんとね，紙と鉛筆ある？　なんかね，YAHOO
　　　で，ハモネプネットって検索して，ハモネプネットで，で，
　　　移動して，「アカペラ JAPAN」ってとこ行くんだ。

14L：（うん）

15K：こっから調べればわかる。

16L：あ，わかった，わかった，わかった，オッケー。

17K：いろいろ，あった。

18L：ふーん。入れよう，じゃ。

19K：本屋にぜんぜん置いてない。

20L：へぇ，ほんと。まだ新しい《曲》？　入ってない？

21K：入ってない。（　　　　）とかいうタイトルだった。

22L：ほんと？　それ，間違えないで買いたいし。あとで教えて
　　　よ。

23K：じゃ5時間目終わったら来る。

　司書が，BABYBOO の動向に詳しいという K に関する知識を用い，
K に助けを求めたことによって，J の求めるメディアを提供するこ
とが可能になる場面である。このように，学校図書館には，メディ
アの提供を志向する司書が，日常的に蓄積した生徒に関する知識を
用いながら，都度のメンバー間で助け合いを生むという特徴がある。

　またこの場面では，助け合いによって，知り合いではない J，K
両者の，BABYBOO に対する無意図的な批評が顕在化している。
この会話の後，J と K は，BABYBOO について盛んに情報交換を行
った。このように，助け合いが無意図的な批評を顕在化させること，
さらに，意図的な批評や批評の共有化に発展する可能性があること

第 8 章　高等学校図書館を対象とした実践研究　147

が分かった。

4.7　メディアの批評とメディア・リテラシー

　これまで見てきたように，学校図書館ではメディアの批評が日常的に起こっていた。とりわけ批評の共有化によって，生徒も司書も，特定のメディアに対する批評を意識化し共有するだけでなく，批評の共有を通して，ある特定のメディアを通したメッセージが，見方を変えれば多種多様で選択可能であること，つまり，批評の選択可能性を意識化する契機ともなる可能性が見られた。

　メディア・リテラシーは，最終的にメディアを用いた社会的コミュニケーションの再構築を志向している。メディア・リテラシーを学習するということにおいても，コミュニケーション回路を生み出していくという社会的実践が重視される。学校図書館で批評の共有化が起こり，生徒が特定のメディアに対する批評を意識化し共有するばかりでなく，さまざまな批評の選択可能性を意識化することは，メディアを用いたコミュニケーション回路を生み出していく社会的実践につらなる活動であると言える。なぜなら，授業のように与えられた枠組みの中での批評活動の練習ではなく，まず生徒が自発的に語ったメディアに対する批評があり，それに対して相互行為的に行われる実践的なコミュニケーションだからであり，一方的な価値判断の強制が行われないことで，多様なコミュニケーション回路を生む可能性に開かれていると言えるからである。

　メディア・リテラシーの活動につらなる批評の共有化が起こるためには，無意図的な批評がモニターされ，意図的な批評が起こりやすい環境が必要であろう。そのための環境を検討するに当たっては，学校図書館の場所としての利用のしやすさや多様な資料は必須とし

て，司書の情報やメディアを提供する志向や，コミュニケーションの対称性への着目も重要である。

5．結論

　学校図書館でメディア・リテラシーに関わる活動がどのように行われているかを明らかにすることを目的として研究を行った結果，以下の4点が明らかになった。

　1）学校図書館では，日常的に，無意図的な批評と意図的な批評のメディアの批評が見られる。
　2）情報やメディアの提供を志向する司書によってモニターされる無意図的な批評は，他の無意図的な批評や意図的な批評の契機となり得る。
　3）意図的な批評は，メディア・リテラシーの活動につらなる批評の共有化の契機となり得る。
　4）情報やメディアの提供を志向する司書によって助け合いが起こり，それが無意図的な批評から意図的な批評へ，意図的な批評から批評の共有化へと発展する契機となり得る。

6．今後の課題と展望

　本研究には，明らかな限界がある。まず，研究対象が1つのフィールドに限定されている点である。次に，研究対象となった司書が調査者本人であることで，分析における客観性が弱い点である。今後は，調査者以外の司書のいる学校図書館を複数調査対象として，

比較検討することが必要であろう。

　ただし、「教科」だけでなく「教科以外の活動」への着目や、「**フォーマル学習**」だけでなく「**インフォーマル学習**」への着目も重要なことは、本研究から示唆されたと考える。

参照文献

1) 塩見昇『学校図書館職員論』教育史料出版会，2000, p.64-65.
2) 松田ユリ子『学校図書館におけるメディア・リテラシーの現れ方 司書と生徒の会話を手がかりに』横浜国立大学大学院教育学研究科修士論文，2002.
3) 河西由美子「研究文献レビュー：学校図書館に関する日本国内の研究動向 学びの場としての学校図書館を考える」『カレントアウェアネス』no. 304, 2010. 6. 20. http://current.ndl.go.jp/ca1722,（参照：2017-05-12）
4) 水越伸『デジタルメディア社会 新版』岩波書店，2002.
5) 井上尚美・中村敦雄『メディア・リテラシーを育てる国語の授業』明治図書，2001.
6) 藤川大祐『メディアリテラシー教育の実践事例集 情報学習の新展開』学事出版，2001.
7) 安藤友張「図書館利用教育・情報リテラシー教育をめぐる動向：1999 ～ 2001」『情報の科学と技術』vol. 52, no. 5, 2002, p. 289-295.
8) 前掲5)，p. 92-93.
9) 前掲5)，p. 111-112.
10) エマソン，R・フレッツ，R・ショウ，L.『方法としてのフィールドノート』新曜社，1998.
11) 藤田英典「現象学的エスノグラフィー エスノグラフィーの方法と課題を中心に」『教育のエスノグラフィー 学校現場のいま』嵯峨野書院，1998, p. 54-61.
12) 好井裕明ほか『会話分析への招待』世界思想社，1999, p. xii-xiv.
13) 藤岡完治「教室のコミュニケーション」『教育学がわかる。』朝日新聞社，1996, p. 128.
14) 山田富秋「会話分析の方法」『他者・関係・コミュニケーション』岩波書店，1995, p. 121-136.

第9章 「学校図書館における特別支援」に
関する研究をめぐって

野口武悟（専修大学）

1. はじめに

　2016 年 4 月に「障害を理由とする差別の解消の推進に関する法律」（**障害者差別解消法**）が施行されたことを受けて，行政機関などには障害者への**合理的配慮**の提供が義務づけられた（私立学校を含む民間事業者に対しては努力義務）。行政機関などには，役所の窓口だけでなく，公立図書館や公立学校も含まれている。当然，公立学校内に設置されている学校図書館も同様である。

　合理的配慮とは，「障害者が他の者との平等を基礎として全ての人権及び基本的自由を享有し，又は行使することを確保するための必要かつ適当な変更及び調整であって，特定の場合において必要とされるものであり，かつ，均衡を失した又は過度の負担を課さないものをいう」（「障害者の権利に関する条約」第 2 条）と定義されている。簡潔にいうならば，障害者一人ひとりのニーズをもとに，状況や場面に応じた変更や調整を，学校などにおける職員体制や費用などの負担がかかり過ぎない範囲で行うことである[1]。

　合理的配慮といっても，それは公立特別支援学校及びその学校図書館で取り組むべき課題であって，多くの公立学校及びその学校図書館には関係ないのではないかと思う人もいるかもしれない。しか

し，義務教育段階において**特別支援教育**を受けている障害のある児童生徒は，特別支援学校（約7万人）よりも小学校・中学校（約29万人）のほうに多く在籍している実態がある（2015年度）。しかも，特別支援教育は受けていないものの発達障害などの可能性のある児童生徒も小学校・中学校には約70万人在籍していると推定されている[2]。こうした実態をふまえるならば，ほぼすべての学校に合理的配慮を必要とする児童生徒が在籍し，学んでいるといっても過言ではないのである。

　以上のような動向のなかで，ここ数年，筆者のもとには学校図書館における特別支援や合理的配慮（以下，「学校図書館における特別支援」とする）のあり方や具体的な内容を知りたいという司書教諭や学校司書からの問い合わせや，教育委員会の担当者からの研修講師の依頼が増えている。このことは，言い換えれば，現場に資する「学校図書館における特別支援」に関する公開された情報が少なく，問い合わせるほどに現場は困っている状況にあるともいえよう。ここでいう情報には，実践事例の報告はもちろん，研究成果の発表（論文など）も含まれる。

　では，「学校図書館における特別支援」に関する研究とは，どのような研究であり，どのような動向にあるのだろうか。

2.「学校図書館における特別支援」に関する研究の対象と方法

　筆者は，しばしば「障害のある児童生徒に対する学校図書館の役割は何でしょうか」という質問を受けることがある。やはり，合理的配慮とか特別支援という言葉を聞くと，それだけで何か特別な役割が学校図書館に付加されてしまうように思われるのだろう。しか

第9章 「学校図書館における特別支援」に関する研究をめぐって　153

し，答えは，「学校図書館の役割は，児童生徒に障害が有るか無い
かで変わるものではありません」である。もちろん，学校図書館を
利用する上でのバリア（障壁）を除去することは必要であり，それ
が特別支援や合理的配慮ということになる。

　研究についても，似たことがいえる。「学校図書館における特別
支援」に関する研究だけ，学校図書館に関するほかの研究と違った
独自の研究アプローチ（研究方法）があるかのように思う人がいる
かもしれないが，そんなことはない。歴史，調査，国際比較，アク
ションリサーチなど，研究アプローチに違いはない。「学校図書館
における特別支援」に関する研究は，学校図書館に関する研究の1
つの対象に過ぎない。

　学校図書館に関する研究自体，**学際領域**の研究であり，図書館情
報学はもちろんのこと，教育学，教育工学などに軸足を置く研究者
による研究も行われている。「学校図書館における特別支援」に関
する研究についても同様である。例えば，特別支援教育学の研究者
が学校図書館に関する研究を行う，などである。研究成果の発表の
場も，その研究者が軸足を置く学会などで行われることが多い。そ
のため，その研究成果を見落とさないようにするためには，図書館
情報学関係の学会以外の研究動向にも留意する必要がある。

　また，学校図書館に不可欠な情報資源・支援機器や利用者（障害
のある児童生徒の障害特性とそれに応じた支援方法）の研究などに
ついては，教育工学，福祉支援工学，出版学，特別支援教育学，発
達心理学などの領域において研究成果が発表，蓄積されている。た
だし，これらの研究に取り組む研究者が学校図書館との関わりまで
視座に入れているかというと，そこが希薄であり，残念なところで
もある。例えば，情報資源の1つであるDAISY（Digital Accessible

Information SYstem）の研究は数多く存在しているが，あくまでも
DAISY の研究であって，学校図書館との関わりまで言及している
研究はほとんど存在しないということである。もちろん，これらは
近接領域の研究であり，「学校図書館における特別支援」に関する
研究にとって重要であることは間違いなく，その動向には常に注視
したい。

　なお，ここまで述べてきたことは，学校図書館を公共図書館に置
き換えれば，公共図書館における「**障害者サービス**」に関する研究
についても，ほぼ同様に当てはまることである。

3.「学校図書館における特別支援」に関する研究の動向

3.1　研究の歴史と現状

　図書館情報学などにおいて「学校図書館における特別支援」を正
面から取り上げた研究が日本において登場するのは 2000 年代以降
のことである（情報資源などに関する近接領域の研究は古くからの
蓄積がある）。対照的に，アメリカでは，1980 年代から「学校図書
館における特別支援」に関する研究成果が論文，博士学位論文，単
行書などの形で発表，蓄積されてきた。アメリカにおける初期の研
究成果としては，例えば，

- Macon, Myra *School library media services to the handicapped*,
  Greenwood Press, 1982
- Vinson, Rhonda J. *School library media center service for
  handicapped students 1950-1980*, Southern Illinois University,
  1983

第 9 章 「学校図書館における特別支援」に関する研究をめぐって　155

などがある。

　もちろん，日本において「学校図書館における特別支援」の実践がなかったわけではない。特別支援教育（当時の特殊教育）が始まった明治初期から，盲学校や聾唖学校（いずれも現在の特別支援学校）の校内には小規模ながらも「図書室」が置かれ，点字図書などの製作，保存，提供が行われていた。第二次世界大戦後になると学校図書館の法制化もあり，同じく戦後に結成された全国学校図書館協議会（以下，全国 SLA）の全国大会でも 1954（昭和 29）年の第 5 回大会以降は特別支援に関する実践事例の報告が散見されるようになる。1980（昭和 55）年には全国 SLA の機関誌である『学校図書館』（第 357 号）において初めて「障害児教育と学校図書館」という特集が組まれ，複数の実践事例の報告が掲載されている。同号の「編集後記」では，特殊教育百周年（1978 年）や翌年に迫った「国際障害者年」（1981 年）などを通して，「ようやくその重要性が認められるようになってきた『障害児教育と学校図書館』を企画しました」[3] と述べている。以降，同様の特集は数年おきに組まれている。しかし，研究の登場までは，さらに 20 年を要することになる。

　2000 年代に入ると，筆者による「学校図書館における特別支援」に関する歴史研究を皮切りに，**松戸宏予**（現，佛教大学教育学部准教授），**児島陽子**（現，鳥取大学附属特別支援学校司書教諭）ら，「学校図書館における特別支援」に関する研究に着手する図書館情報学や特別支援教育学の研究者が複数登場した。現在までに，「学校図書館における特別支援」に関する研究の成果は，論文（大学紀要など，査読なしでの発表を含む）では年に 1 本程度が発表されているほか，学会の大会などにおける発表（ポスター発表を含む）も

同程度見られる。研究内容としては，日本やアメリカの特別支援学校の学校図書館についての歴史研究，「学校図書館における特別支援」についての日本とイギリス，アメリカ，オーストラリアなどとの比較研究，日本の特別支援学校の学校図書館の実態についての調査研究などがある[4]。また，現在までに，博士学位論文が2本[5][6]，単行書が3冊[7][8][9]出されている。

ただし，研究者も研究成果も少ないといわれる学校図書館に関する研究全体から見ても，「学校図書館における特別支援」に関する研究はまだ少数にとどまっている。

3.2　ハードルが高い研究対象なのか

学校図書館に関する研究をしている研究者にとっても，「学校図書館における特別支援」に関する研究は，ハードルが高いという声を聞く。具体的には，「障害児・者のことは詳しくないから」「福祉は門外漢だから」などの声である。

しかし，どんな研究テーマや対象であっても，初めは「詳しくない」「門外漢」からスタートするのであって，図書館情報学（特に，学校図書館に関する研究）のベースがあれば，先行研究や基本文献の読み込みをしっかり行うことで，十分に対応できる。

特別支援の現場は敷居が高いという誤解もハードルの高さを押し上げているように思われる。多くの学校を訪問しているような研究者でさえ，「特別支援学校には訪問しづらい」という。筆者は，特別支援学校の学校図書館を訪問調査する機会がよくあるが，珍しがられることはあっても，拒否されることはまずない。むしろ，歓迎されるくらいである。敷居が高いという誤解には，食わず嫌いと同じで，研究者の思い込みが多分にあるのではないだろうか。

第9章 「学校図書館における特別支援」に関する研究をめぐって　157

とはいえ，こうしたハードルの高さを下げるには時間がかかるだろう。そこで，筆者としては，学校現場から，研究者がもっと出てほしいと考えている。現に，児島陽子のように，現場にいながら（むしろ，現場があるからこそ）数多くの研究成果を発表している研究者もいる。すでに述べたように実践事例の報告は以前から行われているわけであり，それらを研究まで高めてほしいと考えるのである。だが，「研究」と聞くと，途端に身構えてしまう現場の司書教諭や学校司書らは多い。そして，「無理です」という決まり文句が聞こえてくる。

4. 近接領域の研究の動向

　「学校図書館における特別支援」に関する研究の近接領域に当たる研究としては，まず，建築学やデザイン学などの領域における施設・設備・什器などに関する研究がある。多くは，学校図書館というよりも，学校全体を対象とした，あるいは公共図書館を対象とした**バリアフリー**や**ユニバーサルデザイン**の観点からの研究である。

　また，情報資源・支援機器に関する研究や，利用者（障害のある児童生徒の障害特性とそれに応じた支援方法）に関する研究などがある。これらの研究動向については，以下にもう少し詳しく整理しておきたい。

4.1　情報資源・支援機器に関する研究の動向

　教育工学や福祉支援工学などの領域ではデジタルベースの情報資源に関する研究が行われている。キーワードは，**アクセシビリティ**であり，各種 DAISY（音声，テキスト，マルチメディア）や電子

書籍，スクリーンリーダー（コンピュータ画面の音声読み上げソフト）などの研究がある。また，出版学，印刷学などの領域では，紙ベースの情報資源に関する研究が行われている。**カラーユニバーサルデザイン**の観点から色覚障害に配慮した紙面印刷，同じくユニバーサルデザインの観点からロービジョン（弱視）やディスレクシア（読字障害）などに配慮したフォントである **UD フォント**，知的障害などのある人にも読みやすく分かりやすい図書である **LL ブック**などの研究がある。

　さらに，教育工学や福祉支援工学などの領域では，情報資源へのアクセシビリティを高めるための**拡大読書器**や**音声読書器**など各種の情報支援機器に関する研究も行われている。

　2016 年 11 月に文部科学省初等中等教育局長が全国の教育委員会などに通知した「**学校図書館ガイドライン**」のなかには，「発達障害を含む障害のある児童生徒や日本語能力に応じた支援を必要とする児童生徒の自立や社会参画に向けた取組を支援する観点から，児童生徒一人ひとりの教育的ニーズに応じた様々な形態の図書館資料を充実するよう努めることが望ましい。例えば，点字図書，音声図書，拡大文字図書，LL ブック，マルチメディアデイジー図書，外国語による図書，読書補助具，拡大読書器，電子図書等の整備も有効である。」[10] という記述が盛り込まれている。すでに述べたように，情報資源・支援機器に関する研究にあっては，学校図書館との関わりまで言及しているものはほとんど存在しないのが現状である。しかし，「学校図書館ガイドライン」が通知されたこともふまえれば，今後は，学校図書館との関わりを視座に入れた研究の必要性が高まるものと推察される。

4.2 利用者（障害のある児童生徒の障害特性，支援方法）に
　　 関する研究の動向

　特別支援教育学や発達心理学などの領域では利用者に関する研究，具体的には障害のある児童生徒の障害特性とそのニーズに応じた支援方法に関する研究が行われている。

　近年，発達障害のある児童生徒の急増に伴って，発達障害とその支援方法に関する研究が盛んである。発達障害の一種である**学習障害（LD）**のある児童生徒では，約8割が**ディスレクシア**の状態にあるとされており，その読み（読書）の特性とそれに応じた支援方法に関する研究成果も蓄積されつつある。これらの研究成果は，まさに「学校図書館における特別支援」に関する実践にも，研究にも，直結するものである。

　ディスレクシアという用語が登場する以前から，読書に困難のある児童生徒の存在はよく知られており，1960年代から70年代にかけての教育心理学や発達心理学では，「**読書問題児**」に関する研究が盛んであった。今日のディスレクシアに関する研究は，こうした過去の研究成果の蓄積がベースの1つになっているといっても過言ではない。

　「読書問題児」には，読書能力上に困難を有する「**読書困難児**」と読書興味や性格上に問題のある「**読書異常児**」があるとされていた [11]。このうち前者は，さらに「読書遅滞児」と「読書不振児」に分けられていたが，実態は，今日でいう知的障害やディスレクシアなどの障害のある児童生徒であった。「読書困難児」に対しては**読書治療**（読書矯正・治療指導）という実践方法がとられていた。「治療指導においては，診断→指導→再診断→再指導→……という形式がなおるまで無限に繰り返されることになる」[12]。一方で，

「読書異常児」に対しては**読書療法**という実践方法がとられた。読書療法とは、「読書を利用して病気の治療をしたり，あるいは態度・性格等を健全な方向に変えること」[13]である。当時，読書治療や読書療法は，実際に学校図書館でも実践されており，全国 SLA の全国大会などではその実践事例の報告も行われていたことは注目に値しよう。

なお，「読書問題児」に関する研究を牽引したのは，東京学芸大学教授だった**阪本一郎**である。阪本は教育心理学者であったが，全国 SLA の会長を務めるなど学校図書館界とも関係が深かった。そのためもあってか，前述の読書治療や読書療法の実践だけでなく，「読書問題児」に関する研究でも，学校図書館との関わりに言及するものは少なくなかった。こうした点については，今日の近接領域の研究との関係を考えるうえで，参考になるだろう。

5.　おわりに──今後に向けて

最後に，「学校図書館における特別支援」に関する研究の振興と充実に向けての 2 つの提案を述べて，本稿を締めくくりたい。

1 つは，現場の司書教諭や学校司書らの実践をどう研究につなげていくかである。そのための第一歩として，実践事例とそれに基づく司書教諭や学校司書らの識見をどう表に出し，蓄積するかが重要ではないかと考える。現場と学校図書館に関する研究を行っている研究者との連携のこれまで以上の強化がポイントとなるだろう。同時に，司書教諭や学校司書ら自身による研究スキルの修得と向上の支援も欠かせない。研究を「無理です」ということなく取り組める人材を育成し，増やしていくことである。そのためには，学会の大

会などの際に**チュートリアル**や入門講座を開催する，大学院における**リカレント教育プログラム**を開設するなどの方策が考えられる。後者については，すでに複数の大学院で設置されているものの，全体的に学校図書館に関する科目の開設や研究指導体制などが十分とはいい難く，その見直しが検討されるべきだろう。

　もう１つは，近接領域の研究と「学校図書館における特別支援」に関する研究との相互の研究交流の促進である。互いの研究成果を活かし合うことで，新たな研究の創出も期待できる。日本図書館情報学会など関係する複数の学会が共同してセミナーや研究会などを開催するというのも一案であろう。

　以上の２つの提案は，「学校図書館における特別支援」に関する研究のみならず，学校図書館に関する研究そのものの振興と充実にとっても有効と考える。関係各方面での今後の議論の深まりに期待したい。

参照文献
1) 野口武悟・成松一郎編著『多様性と出会う学校図書館：一人ひとりの自立を支える合理的配慮へのアプローチ』読書工房，2015，p.3-4.
2) 文部科学省「特別支援教育の対象の概念図（義務教育段階）」2015.
3) 全国学校図書館協議会『学校図書館』編集部「編集後記」『学校図書館』357，1980，p.72.
4) 野口武悟「学校図書館における特別支援に関する研究の動向」『学校図書館』723，2011，p.28-30.
5) 野口武悟「わが国特殊教育における学校図書館の導入と展開に関する研究：障害児・者の教育と図書館の歴史」筑波大学博士学位論文，2006.
6) 松戸宏予「学校図書館における特別な支援の在り方に関する研究：学校司書と教職員を対象としたフィールド調査を中心に」筑波大学博士学位論文，2008.

7) 野口武悟編著『一人ひとりの読書を支える学校図書館：特別支援教育から見えてくるニーズとサポート』読書工房，2010，221p.

8) 松戸宏予『学校図書館における特別支援教育のあり方：日英のフィールド調査から考える』佛教大学，ミネルヴァ書房（発売），2012，382p.

9) 野口武悟・成松一郎編著『多様性と出会う学校図書館：一人ひとりの自立を支える合理的配慮へのアプローチ』読書工房，2015，183p.

10) 文部科学省「学校図書館ガイドライン」文部科学省初等中等教育局長「学校図書館の整備充実について（通知）」28 文科初第 1172 号（別添 1），2016.

11) 阪本一郎編著『現代の読書心理学（4 版）』金子書房，1976，p.245-254.

12) 前掲 11)，p.259.

13) 前掲 11)，p.266-267.

第 10 章　メディアとしての学校図書館

大平睦美（京都産業大学）

1. はじめに

　学校図書館を研究対象として捉える時，場所や資料，役割，人の配置についてなど多様な視点からのアプローチが可能である。本稿では学校教育と学校図書館活用教育に関して，学校図書館が持つ機能，資料や教員などを**教育工学**における**コミュニケーション・メディア**として位置づけ，狭義の印刷資料などの**パッケージ系メディア**から，広義である**通信系メディア**までを用いた学習活動による，学校教育における学校図書館活用について述べたい。

2. 教育工学と学校図書館

　教育工学とは何か？　『教育工学事典』（日本教育工学会編，実務出版，2000）によると，

　　　教育工学とは、教育改善のための理論、方法、環境設定に関する研究開発を行い、実践に貢献する学際的な研究分野であり、教育の効果あるいは効率を高めるための様々な工夫を具体的に実現し、成果を上げる技術を、開発し、体系化する学問である。

このことから解るように教育工学の領域は多岐にわたるが，はじめに，共通するテーマは「教育の問題解決」である。それらの問題を工学的な方法，例えば工学的に基礎的な知見を用い，モデル化された道具，技術，方法を適用し，解決，実現することであり，必ずしもコンピュータやインターネットなどの教育機器を使うことに限らず，学習課程において効果的な改善に関する全ての研究開発を含んでいる。

また，教育工学の特色として実践性と開発志向が強いことがあげられる。実践を通し効果を評価しながら，教育をより良くするため絶えず改善していく点からも，学校教育における学校図書館活用と同義であり，学校図書館に関する研究は，教育工学の領域と重なる。

2.1 教育工学の領域と学校図書館司書教諭課程科目

先に述べたように，教育工学の領域は多岐にのぼり，また学校図書館司書教諭課程科目の学習内容においても，各科目で完結した領域ではなく，限定することは困難であることを認識の基に教育工学と学校図書館の領域における理論的な重なりを学校図書館司書教諭課程の科目を単純化し比較して示す（表1）。教育工学の共通テーマである「教育の問題解決」として，学校図書館の現状とその役割について考えたい。

表1　教育工学の領域と学校図書館司書教諭課程

教育工学の領域		
学習財	教育開発	教育経営
メディア，教育開発，ソフトウェア，コンテント環境などの改善など	教授，学習課程の改善など	組織運営，人事管理など
メディアの活用・学校図書館メディアの構成	学習指導と学校図書館・読書と豊かな人間性	学校経営と学校図書館

3. 学校図書館メディアの分類

3.1 メディアの定義

　学校図書館は図書（本）だけを扱う場ではなく，**情報**を扱う場である。情報とは大きく分けて，容（い）れ物（図書（本），TV，ラジオなどのハードウェア），コンテンツ（ニュースなどの内容），環境，構成技法，それに**メッセージ**と考えることができる。メッセージとは，例えば天気予報のように，受け手である人間がその内容を得たことで，受け手の今後の判断，行動や知識に変化を及ぼすことである。情報とはこれらの概念を複合的に総称している。そこで情報を媒介するのが**メディア**である。学校生活において，児童生徒は授業や遊びを通して，情報機器や教師，友人などをメディアとして数多くの情報を得て日々変化していると言える。

3.2 メディアと学校図書館

　教育工学において広く共有されているメディアの定義は「「一連の学習状況」は教育メディアによって具体化する」である。

　メディアはパッケージ系メディアと通信系メディアに分類することができ，教育機器に限らず，人や環境も含まれることから学校図書館の機能を活用することで学習の具体化が可能だとすると，学校図書館も教育メディアの１つである。

3.3 パッケージ系メディア

　パッケージ系メディアとは，単体で存在するものや，有線により通信可能なもの，つまり形態のあるものである。学校図書館にある図書（本）写真，図表，地図，ポスターなどの印刷資料やビデオデ

166

表2　パッケージ系メディア

パッケージ系メディア	
印刷資料	図書，写真，図表，地図，ポスター，掲示板など
映像資料	ビデオ，DVD，スライド，マイクロフィルム，OHPなど
音声資料	録音テープ，レコード，CDなど
実物・立体資料	実物，標本，模型，地球儀など

ィスク，TV，写真，スライド，OHPなどの映像資料，その他音声資料，実物，立体資料などがあげられる。

3.4　通信系メディア

1876年に電話が発明されてから120年あまり，1990年後半以降インターネットの急速な普及により，通信系メディアは大きく発展し**コミュニケーション**方法は変化した。現在では多くの人々がスマートフォンを携帯し，電話とコンピュータ機能を搭載した情報端末によりコミュニケーションが可能となった。スマートフォンなどのマルチメディアと呼ばれる多機能型情報機器の発展によりメディアはパッケージ系，通信系が融合され複合的なメディアを活用できるようになった。

　形態や大きさも，ディスクトップ型，ノート型，タブレット，時計型，メガネ型など多種に及び，さらにIOT（Internet of Things）と言われるように，物とインターネットが連携しあらゆる分野で物と人とが繋がることが可能となった。

　通信型メディアを利用する上では，通信を目的とするのではなく，それを活用して何ができるのかを考えることが重要である。

3.5　メディアの活用と学習活動

　ジョン・デューイは『学校と社会』の中で，実体験に勝る学習はないと述べているように体験から学習することは重要である。そこ

第 10 章　メディアとしての学校図書館　167

で実験，見学やインタビューと言った体験を通じた学習活動やそのための施設や環境などもメディアとして考えることができる。また，これらは，情報機器の発達により 3D 機器などを用い，実体験に近い模擬体験（バーチャルリアリティー）が可能になるなど，複合的なメディアの発展により教育活動におけるメディアの分類は問題ではなくなってきている。

4. 学校図書館活用の定義

これまで，教育工学の定義からメディアや情報について述べてきたが，次に学校図書館活用について改めて考えたい。

4.1　学校図書館の機能

学校図書館の目的は学校図書館法にあるように学校教育に寄与することである。その目的の達成のために学校図書館は読書センター機能，学習情報センター機能[1]を持つとされている。それに加え，「教育の情報化ビジョン 2011」（文部科学省，2011）においても，学校図書館は教員サポートの場として，「多様なメディアを活用した学習・情報センターとしての学校図書館の機能を，司書教諭を中心に一層強化していくことも求められる。」と明記され，学校図書館は教員のサポートが可能となることを求められている。その他にも，学校図書館には児童生徒の居場所としての機能としても期待されている。

4.2　利用者の状況的行動

様々な機能を期待される学校図書館対して，利用者の行動につい

て考える。利用者の行動としては能動的活用と受動的活用がある。利用者である児童生徒及び教員[2]が学習活動の中で能動的に学校図書館を活用することは，発展的な学習活動に通じる。しかし，利用者の図書館や学校図書館を利用した経験などにより，全ての利用者が同様に活用できるとは限らない。利用者が学校図書館の機能を能動的に利用するためには，利用者である児童生徒や教員が，学習課程において発達段階に応じた体系的な学習の機会を得ることが重要である。

表3　学校図書館の機能と利用者の行動

機　能	読書センター	学習情報センター
利用者の状況的行動	能動的 ▲ 受動的	能動的 ▲ 受動的

　そのため，学校現場や文部科学省などの国や地方の行政機関などでは，利用者の能動的な学校図書館活用を促進するための施策を講じている。図1に示すように学校図書館を中心に考えた時，施策には利用者である児童生徒や教職員からの働きかけで行われる施策（内からの施策）と，学校や社会からの働きかけで行われる施策（外からの施策）がある。内外からの働きかけは，一方通行ではなく，相互作用による発展的な学習活動が生じる。

　内外の働きかけを有効な活用に繋げるには，児童生徒や教員をはじめ，社会や行政機関が学校図書館のもつ機能について認識を共有することが重要である。

4.3　学校図書館活用の定義
　学校図書館が持つ機能を有効に活用することが，学校教育におけ

外から内への施策が，内からの施策へ

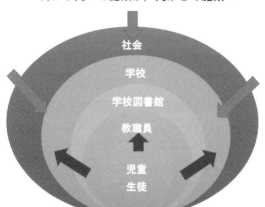

図1　学校図書館活用の施策の方向

る問題の解決に繋がると考えるが，学校図書館の活用「場所」の活用，そこに存在する「資料」の活用や学校図書館に関わる「人」の活用などが考えられる。また，学校図書館を，個人で利用する場合や，授業などの課題学習として学級やグループで活用する場合がある。学校図書館において場所，資料，人は重要な機能であり，また利用者はそれらを複合的に活用する。そこで，本稿における学校図書館の活用とは，授業や課題学習において学校図書館機能をより有効に活用するために，授業担当者と学校図書館担当者が授業や課題学習の指導計画策定の段階から関与することとする。

5. メディアとしての学校図書館活用

学校図書館の機能を知ることは重要であるが，その機能を十分に

活用するためには学校図書館のみならず，国や社会，学校において今日の教育課題を共有する必要がある。

5.1　外から内への施策

　わが国には学校図書館法があり，時代と共に改正を重ね学校図書館の運営を法的に支援している。児童生徒の読書離れが社会的な課題となった 2000 年以降には，子どもの読書活動の推進に関する法律（2002（平成 13）年）や，文字・活字文化振興法（2006（平成 17）年）により，国や教育行政が読書活動を推進し，学校における読書センターである学校図書館の活用促進となった。

　また，わが国の学校教育の基準となる学習指導要領においても，読書活動や問題解決型学習の積極的導入により学校図書館活動を支えている。国の施策が地方の教育行政を経て学校現場に影響を与える過程は，図 1 に見る外からの施策にあたる。次に S 市の学校図書館教育推進事業を例にとり外から内への施策を示す（図 2）。

　S 市では，市の施策により学校司書を配置しただけでは，学校図書館機能の有効な活用が実現できなかった。学校司書による環境整備ができたが，利用者の積極的な活用，なかでも授業における活用に繋げることが困難であった。学校図書館の積極的な活用を促すために実施した学校司書，司書教諭などの学校図書館担当者，教員，管理職などからの聞き取り調査では，資料の不足や利用に対する認識の違いなどの課題が明らかになった。そこで教員を対象に学校図書館の活用について学校内で教員研修を実施し，学校内で学校図書館に関わる共通の課題として全教職員が認識できるようにした。教員研修を経て，教員と学校図書館担当者は互いに学校図書館における課題を共有し，協力し合うことで課題を課題の解決に向けて積極

第10章　メディアとしての学校図書館　171

S市立学校図書館教育推進事業政策

外から内への施策

学校図書館職員を配置するだけでは機能しない

⇩

教員研修により，教員と学校図書館職員は指導計画策定の段階から関与しようという意識が生みだせることが分かった

⇩

学校図書館職員の配置により，きめ細やかな支援が実現した

図2　外からの内への施策

的にコミュニケーションを図るようになり，教員は学習指導にその機能を有効に活用するため，指導計画策定の段階から学校図書館担当者とコミュニケーションを取ることで，授業が改善された。学校図書館担当者は，指導計画に策定段階から参加しているため，きめ細かな授業支援が可能になった。

5.2　内からの施策

　教員と学校図書館職員のコラボレーションの実現により，学習活動に学校図書館が活用されるようになり，授業改善による授業スタイルが変化した。5.1で述べたように，学校内のコミュニケーションを図ることにより学校図書館活用に変化が生じ，新しい資料の購入，コンピュータの導入など情報の更新や，既存の学校図書館メディアとは異なる形態のメディアが導入されるようになった。それを内からの施策として，図3に示す。

　また，情報の更新により新しい資料を購入することで，古くなった資料の書庫への移動や，廃棄により一時的に資料は減少する。S市の研究校（3小学校，1中学校）では，開架資料が2/3程度に減少したが，利用者が増加した。利用者への聞き取りでは資料を探し

内からの施策
教員研修による教員と学校図書館職員のコラボレーションが実現した ⇩ 情報の更新により，本を減らしても利用が増加した ⇩ 図書の教室への分散配置は，特に小学校1〜2年生の学級での，読書指導に有効であることが分かった。教員の働きかけが違うと，児童の読書量に違いが生まれることが分かった

図3　内からの施策

やすくなったとの意見が多く，資料が減少したことに気がつかない利用者も少なくなかった。中には資料が増えたと感想を持った利用者もいた。

　学校図書館の活用には児童生徒の発達段階との関わりも影響する。就学前に公共図書館などを利用したことのない児童は学校図書館を利用できなかった。学校図書館の利用ができるまで，担当教員が必要な資料を教室に分散配置することが児童の学校図書館活用に効果があった。

　つまり資料数が多ければよいのではなく，必要な使用が検索し易く配置されており，利用者が利用方法を学習していることが学校図書館の活用やその目的である学習に影響を与えることが分かった。内からの施策としては，この他にも居場所としての整備，利用者への広報や，利用調査などがあげられる。いずれにしても，外からの施策が，施策で終わることがないように，内からの施策に繋げるための活動が必要であり，それに対して外からも内への支援を支える体制を築くことが重要である。今後学校図書館活用による学習活動が，内から外への施策を促すような学習モデルの研究が期待される。

第 10 章　メディアとしての学校図書館　173

6. 学校図書館と情報機器

6.1　学校図書館と ICT
　　（**Information and Communication Technology**）

　学校図書館も ICT も学校教育の目的を達成するための設備，機器である。学校図書館を活用するか，コンピュータ室でインターネットを活用するかという議論が学校現場で交わされることがあるが，これまで述べてきたように学校図書館やコンピュータ室の活用は共に情報を活用することであり，どちらか一方に限定するのではなく，両者のメリット，デメリットを理解し，メリットを生かした活用をする必要がある。

6.2　情報リテラシー教育

　情報を活用するには，情報の利用方法を学ばなければならない。学校図書館を活用する目的の1つに**情報リテラシー教育**がある。情報リテラシー教育とは，コンピュータの活用方法を学ぶことに限らず，読むこと，書くこと，計算するなどの基本的な情報の活用方法を含んでいる。1人が1台以上の携帯電話などの携帯端末を持ち，インターネットでの検索が手軽にできる現代において，図書を中心とした情報を活用する学校図書館の役割を改めて考える。

　学校図書館の資料やインターネットを活用して，情報を収集する。情報を扱うことは学校図書館もインターネットも同様ではあるが，両者では情報量が大きく異なる。学校図書館とインターネットからの情報は，例えるならプールの水と大海の水の量ほどの違いがある。泳ぎを覚える時，海で泳げるように最初はプールで呼吸や手足の動きを習得し訓練する。同様に収集した情報の活用方法を習得するた

めに，児童生徒などの学習者は学校図書館を活用し，その利用方法や情報の選択，収集，表現，評価などについて学習し，それらを活用した授業により図2のように利用者の状況的行動が変化する。そのために学校図書館は3で述べたように，適切な資料を多様なメディアを用いて配置することが望ましい。

6.3 コミュニケーション・ツールとしての ICT 活用教育

学校図書館における ICT 活用は，主に情報の収集や検索に用いられてきたが，ICT の C が Communication であることから，その他の活用方法として通信情報機器の特徴である，時間と空間の制限を超えて活用できることである。また，それらは加工が容易であることから，個人の発達段階に適した学習活動に活用できる。

6.4 学校図書館と ICT を活用した授業例

6.4.1 総合的な学習の時間における小学校交流学習

総合的な学習の時間では，学習指導要領に基づいて「調べる・まとめる・伝える」活動を組み入れている。郷土学習において，具体的には（限られた）資料で調べる，フィールドワークで地域を探訪する，地域の人びとにインタビューを行う，地域に詳しい人を招いて話を聞くなどの活動が行われる。その後，新聞やポスター，コンピュータを用いて**プレゼンテーション資料**などを作成し，クラスや学年で，時には保護者や地域の方を招いて児童生徒が調べた成果を発表する。しかし，情報が限られているため，調べるテーマが限定される。または資料などの情報が少ない場合には，地域を市町村や都道府県の範囲に広げた調べ学習となり，児童生徒の身近な地域からは離れる場合がある。

授業において最も重要であるのは，児童生徒の「知りたい」「調べたい」という主体的な学びの姿勢であり，その上で芽生えた課題や疑問を積極的に解決しようとすることである。そこでICTを活用した交流学習を実施することで，情報の提供と児童生徒の興味を高めるという現状の課題を改善し，主体的な学びを支援できると考えた。

　郷土学習に必要な情報として，図書については，出版数が少ないことがあげられる。その理由として，自治体が発行している資料や自費出版の資料が主であり，市販されていないため，入手困難なことが多いからである。

　学校図書館においても，郷土資料の収集に努めているが，利用対象者が児童生徒であることや，郷土学習の位置づけが，主に各学校区内の事柄についてであることから，情報の収集が困難であり，調べ学習に必要な資料が十分に準備できない場合が多い。印刷資料に限らず，インターネット情報源にしても，公的情報以上に個人のブログが多く，信頼できる情報源の数は限られる。そこで，各学校では調べ学習の資料として，各地域の教育員会などが作成した副教材に頼ることが多く，調べる対象が限定される。このような情報の不足を補うために，図書などの市販の資料に加え，地域の行政機関などでパンフレット，リーフレットなどを収集することや，児童生徒が調べ学習により作成した成果物を資料として整理，保管することである。タブレットなどICTを活用することにより，学習過程で実施したインタビューや，地域の人を学校招いた際の様子を記録し，それらの録音資料や動画資料を次年度以降の学習資料として蓄積することができる。一例としてテレビ会議システムを用いて，遠隔地と郷土学習を共通のテーマとした交流学習をあげる。非言語コミュニケーションが期待できない学習環境において児童生徒の学習内容

が変化すると考えた。筆者が実践した交流学習[3]による児童のアンケート調査では、交流学習の回数を重ねるごとに積極的に参加していることが分かった。少子高齢化や都市部への人口集中を考えると、コンピュータネットワークを活用した交流学習は、学校の規模により他者との交流の機会が制限されることなく、他地域の児童生徒との交流により、多様な考えと接することができる。特に、事前の打ち合わせなど教師の交流では、教師が互いの技能やスキルなどの情報交換が可能となることから、教師の質を向上し、学校教育の質の保証に貢献できると考える。

　郷土学習における学校内での発表では、背景として児童生徒が、地域について情報を共有していることがあり、内容を説明する際に非言語コミュニケーションにより暗黙知が伝達されるため、説明が不十分であったとしても、相手に伝えることができる。遠隔地との交流の場合では、学校内での発表と同様な非言語コミュニケーションによる伝達は期待できないことから、言語を用い相手に伝えることを意識して調べることになる。離れた場所にいる児童生徒に伝えるために、同じ郷土に生活する人々に対する内容よりも更に詳細に、具体的に伝えなければならない。つまり、調べたことを「発表する」から、調べて得たことを自分の言葉で「説明する」に変化すると考えた。直接会ってコミュニケーションを取れることが望ましいが、遠く離れた場所で、直接会う機会がない人たちとのコミュニケーションをとる手段として TV 会議システムは、有効である。

　しかし、毎回慎重に準備をしたにもかかわらず、突然ネットワークが途切れることや、ハウリングが起こることなど、限られた時間内での交流を実現するためには学校と教育委員会や行政の情報担当の連携が必要である。

7. 今後の課題と展望

　メディアとしての学校図書館についてこれまで資料や活用方法を述べてきた。繰り返しになるが、最も重要なことは学校図書館の目的は学校教育に寄与することであり、利用者の学習に貢献することで、学校図書館の充実が目的でない。そこで、目的学校図書館の設置場所や設備、機器などのハード面や資料などのソフト面の充実が求められる。その他、学校図書館活用でこれまで主とされてきた資料の収集、検索、学校図書館がメディアとなり人と資料、人と人を繋げる**コミュニケーション・ツール**として活用ことで利用者の学習への貢献も可能である。

　情報通信機器の発達により、大量の情報を容易に送受信できる環境になった。学校教育における情報活用の場として学校図書館はこれまで以上に多種多様な情報を扱うことになり、それらの情報や情報通信機器によるリスクにも直面するのである。変化の激しい社会の中で、学校図書館に完成はないと筆者は考える。社会の変化に伴い、学校教育も変化する。教育への期待や課題が多様になる中で学校図書館は「教育の問題解決」において、その時々に最適な環境（ソフト面、ハード面において）を作り続けていかなければならない。ランガナタンは『図書館の五法則』[4)] の中で「図書館は成長する有機体である」と言っている。変化し続ける社会に対応する学校図書館の実現には、特定の誰かに頼る学校図書館活用から、学校全体が情報を共有し、誰もがいつでも活用できる学校図書館システムの構築が必要である。そのために、AIを活用した選書や検索システム、貸出返却の機械化などの基礎的な設備や、TV会議システムなど発展的な授業開発のツールとしてのICTの導入と、それを

評価し再構築する学校内外の機関の構築が今後の課題である。

注・参照文献

1) 学習センター機能，情報センター機能とすることがある。

2)「学校図書館法」（定義）第二条「これを児童又は生徒及び教員の利用に供することによつて、学校の教育課程の展開に寄与するとともに、児童又は生徒の健全な教養を育成することを目的として設けられる学校の設備をいう。」より

3) 2014-2016 年京都市，会津若松市，川本町（島根県）の 3 小学校の 5 年生を対象に TV 会議システムを活用した交流学習を実施した。（参考文献4））

4)「第1法則　図書館は利用するためのものである　第2法則　いずれの読者にもすべて、その人の図書を　第3法則　いずれの図書にもすべて、その読者を　第4法則　図書館利用者の時間を節約せよ　第5法則　図書館は成長する有機体である」森耗一監訳『図書館学の五法則』日本図書館協会，1981.

引用文献

1) 日本教育工学会編『教育工学事典』実務出版，2000，p.142.

2) 文部科学省「教育の情報化ビジョン──21 世紀にふさわしい学びと学校の想像を目指して」文部科学省，2011，p.30.

参考文献

1) 坂元昇・岡本敏雄・永野和男編著『教育工学選書1　教育工学とはどんな学問か』ミネルヴァ書房，2012.

2) ケネス・J・ガーゲン『あなたへの社会構成主義』ナカニシヤ出版，2004.

3) ジョン・デューイ『学校と社会　子どもとカリキュラム』講談社，1998.

4) 大平睦美「総合的な学習の時間における 3 小学校交流学習に関する一考察」『京都産業大学教職研究紀要第 12 号』京都産業大学，2017.

索引

【A — Z】

ALA Archives　64

DAISY　153, 154, 157

IFLA 学校図書館ガイドライン
　　　23, 46, 57

ILL　64

LL ブック　158

NARA　64

PISA　54-56, 83-85

PISA 型読解力　54

reading literacy　84

UD フォント　158

【あ—ん】

アーキビスト　64

アクションリサーチ　4, 23,
　　　93, 131, 153

アクセシビリティ　157, 158

アドヴォカシー　50

アンケート調査　118, 176

インタビュー　65, 77, 78, 80,
　　　104, 126, 127, 137, 143,
　　　167, 174, 175

インタビュー調査　118, 129

インフォーマル・インタビュー
　　　137

インフォーマル学習　149

エビデンス（科学的根拠）　3,
　　　4, 23-26, 37, 38, 42

オーラル・ヒストリー　65

音声読書器　158

会話分析　134

学際領域　153

学習環境　96-99, 102, 103,
　　　107-109

学習環境デザイン　98, 99,
　　　102, 108

学習指導要領　3, 56, 83, 93, 113,
　　　117, 121, 123, 170, 174

学習目標　120

学習障害（LD）　159

拡大読書器　158

仮説　31, 32, 102-104, 129

仮説の検証　102

仮説の生成　102

課題分析　119-121

課題分析図　120

価値判断　66, 139-144, 147

学級担任制　95

学校司書　3, 13, 26, 81, 95, 115-118, 120, 127, 133, 134, 136, 152, 157, 160, 170

学校図書館ガイドライン　14, 45, 158

学校図書館利用指導　113, 116, 117, 125, 126, 130

学校図書館法　3, 13, 14, 51, 60, 116, 118, 167, 170

カテゴリー化　126

カラーユニバーサルデザイン　158

カリキュラム　3, 40, 49, 51, 113, 115

カリキュラムデザイン　48

キーワード　39, 119, 121, 124, 138, 157

技術・家庭科　123, 124

教育を受ける権利　48

教育課程　21, 51, 115, 130, 133, 134, 136, 170

教育工学　4, 93, 98, 153, 157, 158, 163-165, 167

教科書　34, 61, 80, 88, 113, 122-124

教師用ガイド　101-103, 105, 106, 108, 109

教師用指導書　122, 124

郷土学習　174-176

協働　67, 101-103, 106, 108, 109, 114, 130, 131

近接領域　154, 157, 160, 161

クリエイティブ・コモンズ・ライセンス　36

「研究の立ち位置」　93

研究目的　16, 25

研究領域　15, 20-22, 25, 41

コード化　126

公文書管理　64

項目反応理論　85

合理的配慮　151-153

交流型読み聞かせ　80

古賀節子　21, 61

国語科　75, 76, 83, 84, 87, 88, 124, 134

児島陽子　155, 157

子ども読書年　54

子どもの権利に関する条約　48

「子どもの読書の推進に関する
　　法律」 54
「子どもの読書活動の推進に関
　　する基本的な計画」 54
子どもゆめ基金 54
国内の研究動向 33
コミュニケーション 135,
　　147, 148, 166, 171, 176
コミュニケーション・ツール
　　177
コミュニケーション・メディ
　　ア 163
『これからの学校図書館の活用
　　の在り方等について（報
　　告）』 116
『これからの学校図書館担当職
　　員に求められる役割・
　　職務及びその資質能力
　　の向上方策等について
　　（報告）』 116
コレクション構築 49
根拠に基づく実践（evidence-
　　based practice） 50
採択率 123
阪本一郎 160
佐藤卓巳 59
参与観察 134, 137

塩見昇 15, 61
史実 66, 67
司書教諭 3, 13-15, 17, 24-26,
　　34, 40, 60, 61, 95, 97,
　　98, 101, 102, 105, 106,
　　113-118, 120, 121, 127,
　　133, 152, 155, 157, 160,
　　164, 167, 170
司書教諭講習 14, 17, 34, 40,
　　121
質的研究 23, 88
質問紙調査 82, 84, 85, 87, 117
社会科 124, 134
ジャンル 82, 86
修正版グラウンデッド・セ
　　オリー・アプローチ
　　（M-GTA） 127
授業 3, 24, 25, 27, 34, 40, 42,
　　80-82, 87-89, 93, 95-103,
　　105-109, 113-116, 119,
　　127, 130, 133, 136, 137,
　　144, 147, 165, 169-171,
　　174, 175, 178
授業観の変化 96
上位概念 122
障害者サービス 154
障害者差別解消法 151

『小学校,中学校における学校図書館の利用と指導』 117
情報探索行動　49
情報活用能力　3, 21, 56, 98, 116, 130, 131, 134
「情報・メディアを活用する学び方の指導体系表」　117
情報問題解決プロセス　52
情報リテラシー　49, 52, 53, 93, 96, 98, 102-108, 134, 173
情報リテラシー教育　173
情報リテラシー育成モデル　52
事例研究　23, 32, 102, 103
人物研究　76
請求番号　120, 123
制度的な特徴　138
「全国学力・学習状況調査」　56
竹前栄治　59
知的禁欲　66, 67
チュートリアル　42, 161
中学校　3, 51, 88, 89, 94, 113-115, 117, 123, 124, 131, 152, 172
通信系メディア　163, 165, 166
ディスレクシア　158, 159
テスト　81-85, 89

読解力　54-56, 83, 84
「読解力向上プログラム」　56
読者想定法　80
読書指導　75-81, 83, 87-90, 114
読書異常児　159, 160
読書へのアニマシオン　78-80
読書活動推進　13, 85, 86
読書コミュニティ形成支援事業　54
読書困難児　159
読書指導法　78, 80, 81
読書治療　159, 160
読書問題児　159, 160
読書力評価　78, 81-83
読書量　86
読書療法　160
特別活動　113, 117
特別支援教育　152, 153, 155, 159
図書館の権利　48
トランスクリプト　138, 139
長倉美恵子　16, 60
滑川道夫　76, 77, 79
日本十進分類法（NDC）　117, 123
パートナー読書　80
灰色文献　64

パッケージ系メディア　163,
　　165, 166
バリアフリー　157
半構造化インタビュー　126
比較研究　22, 62, 75, 78-81,
　　83, 90, 156
評価方法　104
フィールド　93, 95, 98, 103, 131,
　　134, 137, 138, 148, 174
フィールドノート　137, 138
フォーカス・グループ　87
フォーマル学習　149
プレゼンテーション資料　174
プロセス　49, 51-53, 127, 130,
　　137
文献調査　98, 100, 118, 119,
　　122, 126, 129, 138
文献利用指導　49
文献レビュー　17-19, 29, 30,
　　32-39, 41, 42
保健体育科　124
松戸宏予　155
学び方　113, 123, 130
メッセージ　139, 144, 147, 165
メディア　21, 33, 40, 49, 87,
　　96, 116, 117, 123, 134-
　　136, 138-148, 158, 163,

　　165-167, 171, 174, 177
メディア・リテラシー　134,
　　135, 138, 147, 148
目録　120, 122
役割分担　114, 118, 122, 125-
　　127, 129
ユニバーサルデザイン　157,
　　158
ユネスコ学校図書館宣言　45,
　　46, 48
ラーニング・コモンズ　49
ライフ・ストーリー　66
理科　123, 124
リカレント教育プログラム　161
利用者　24, 49, 100, 107, 136,
　　153, 157, 159, 167-171,
　　172, 174, 177
量的研究　88, 89
リテラチャー・サークル　79,
　　80, 87-89
歴史研究　4, 40, 59, 60, 62,
　　64-68, 70-73, 75-77, 90,
　　155, 156
『歴史とは何か』　63, 68, 70
レビュー誌　30, 32, 33
連携　14, 22, 42, 48, 114, 115,
　　131, 160, 166, 176

わかる！　図書館情報学シリーズ第4巻
学校図書館への研究アプローチ

2017 年 11 月 1 日　初版発行

編　者　日本図書館 情 報学会研 究 委員会
発行者　池嶋洋次
発行所　勉誠出版株式会社

　　　　〒 101-0051　東京都千代田区神田神保町 3-10-2
　　　　TEL：(03)5215-9021(代)　FAX：(03)5215-9025

〈出版詳細情報〉http://bensei.jp

編　　集　大橋裕和・岡田林太郎
営　　業　山田智久・青木紀子

印刷・製本　中央精版印刷
装丁　萩原睦（志岐デザイン事務所）
© Japan Society of Library and Information Science 2017, Printed in Japan.
ISBN978-4-585-20504-3　C1300

本書の無断複写・複製・転載を禁じます。
乱丁・落丁本はお取り替えいたしますので、ご面倒ですが小社までお送りください。
送料は小社が負担いたします。
定価はカバーに表示してあります。